essentials

Essentials liefern aktuelles Wissen in konzentrierter Form. Die Essenz dessen, worauf es als „State-of-the-Art" in der gegenwärtigen Fachdiskussion oder in der Praxis ankommt. Essentials informieren schnell, unkompliziert und verständlich.

- als Einführung in ein aktuelles Thema aus Ihrem Fachgebiet
- als Einstieg in ein für Sie noch unbekanntes Themenfeld
- als Einblick, um zum Thema mitreden zu können

Die Bücher in elektronischer und gedruckter Form bringen das Expertenwissen von Springer-Fachautoren kompakt zur Darstellung. Sie sind besonders für die Nutzung als eBook auf Tablet-PCs, eBook-Readern und Smartphones geeignet.

Essentials: Wissensbausteine aus den Wirtschafts, Sozial- und Geisteswissenschaften, aus Technik und Naturwissenschaften sowie aus Medizin, Psychologie und Gesundheitsberufen. Von renommierten Autoren aller Springer-Verlagsmarken.

Dirk Lippold

Theoretische Ansätze der Marketingwissenschaft

Ein Überblick

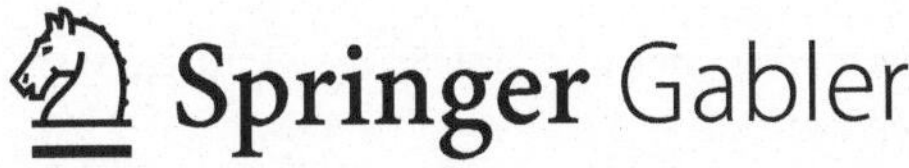

Prof. Dr. Dirk Lippold
Berlin
Deutschland

ISSN 2197-6708 ISSN 2197-6716 (electronic)
essentials
ISBN 978-3-658-09896-4 ISBN 978-3-658-09897-1 (eBook)
DOI 10.1007/978-3-658-09897-1

Die Deutsche Nationalbibliothek verzeichnet diese Publikation in der Deutschen Nationalbibliografie; detaillierte bibliografische Daten sind im Internet über http://dnb.d-nb.de abrufbar.

Springer Gabler

Gedruckt auf säurefreiem und chlorfrei gebleichtem Papier

Springer Fachmedien Wiesbaden ist Teil der Fachverlagsgruppe Springer Science+Business Media (www.springer.com)

Vorwort

Nichts nützt der Praxis mehr als eine gute Theorie

Unter Marketing-Theorie wird allgemein ein System genereller Aussagen über den Absatz-, Vertriebs- und Servicebereich von Wirtschaftseinheiten verstanden. Doch es gibt nicht *die* Marketing-Theorie an sich. Um das Marktgeschehen in seiner Komplexität angemessen erklären zu können, greift die Marketing-Wissenschaft auf Erkenntnisse und Theorien aus anderen Wissenschaftsbereichen auch außerhalb der Ökonomie zurück. Mit der Entwicklung zum Konzept zur Stabilisierung und Optimierung des Austauschsystems zwischen Anbietern und ihren Kunden stützt sich das Marketing auf eine Vielzahl von theoretischen Ansätzen, die nebeneinander existieren und nicht nur aus ökonomischen Theoriebestandteilen bestehen. Marketing beruht nicht allein auf den materiellen Ansätzen der Absatz- und Handelstheorie, sondern zunehmend auch auf theoretischen Konstrukten benachbarter Wissenschaften wie z. B. der Verhaltenswissenschaften und der neuen Institutionenökonomik. Insofern kann die Marketing-Theorie auch als *Ensemble-Theorie* interpretiert werden, bei der verschiedene Wissenschaftsansätze interdisziplinär miteinander kombiniert werden, um einen möglichst hohen Erkenntniswert für Marktstrukturen und Marktdynamik zu gewinnen (vgl. Meissner 1995, S. 79).

Marketing-Theorie wird hier in diesem Sinne als angewandte Wissenschaft verstanden, deren Zielsetzung es ist, Gesetzmäßigkeiten oder zumindest Regelmäßigkeiten zur optimalen Gestaltung der Marketingprozesse aufdecken, beschreiben, erklären und prognostizieren zu können.

Die vorliegenden Ausführungen, die zu einem Teil der 2. Auflage meines Buches „Die Marketing-Gleichung. Einführung in das prozess- und wertorientierte Marketingmanagement“ entnommen sind, verfolgen das Ziel, die verschiedenen ökonomischen und außerökonomische Theorieansätze zu systematisieren und auf ihren Praxisbezug zu prüfen. Zur Unterstützung des Leseflusses wurde auf die Verwendung von Fußnoten verzichtet. Eine ausführliche Auflistung der verwendeten und weiterführenden Literatur ist im Anhang enthalten.

Berlin, Februar 2015 Dirk Lippold

Inhaltsverzeichnis

1 Sachlich-systematische Grundlegung 1
1.1 Ziele, Aussagenkategorien und Objektbereiche der Marketing-Wissenschaft 1
1.2 Zur Notwendigkeit der Theoriebildung 2
1.3 Wichtige Theorieansätze der Marketing-Wissenschaft im Überblick 3

2 Ansätze der Mikroökonomie auf Basis der Neoklassik 5
2.1 Preistheoretische Ansätze 5
2.2 Annahmen über das Verhalten der Marktteilnehmer 7
2.3 Marktformen 9

3 Materielle Ansätze zur Marketingtheorie 13
3.1 Institutionenorientierter Ansatz 13
3.2 Funktionenorientierter Ansatz 14
3.3 Warenorientierter Ansatz 15

4 Formale Ansätze zur Marketingtheorie 19
4.1 Entscheidungsorientierter Ansatz 19
4.2 Systemtheoretischer Ansatz 20
4.3 Verhaltensorientierter Ansatz 22

5 Ansätze der Neuen Institutionenökonomik 25
5.1 Theorie der Verfügungsrechte 25
5.2 Prinzipal-Agent-Theorie 26
5.3 Transaktionskostentheorie 28
5.4 Informationsökonomik 30

6 Weitere Perspektiven des Marketings 33
6.1 Klassische Marketing-Perspektiven 33
6.2 Prozessbezogene Perspektive 36

Literatur 41

Sachverzeichnis 43

Sachlich-systematische Grundlegung 1

1.1 Ziele, Aussagenkategorien und Objektbereiche der Marketing-Wissenschaft

Aus dem Generalziel der Wissenschaft als Hilfe zur Daseinsbewältigung lassen sich das *kognitive* und das *praktische* Wissenschaftsziel ableiten. Während es beim *kognitiven* Ziel darum geht, Erkenntnisse über das „*Ist*" (*deskriptive Aussage*), über das „*zukünftige Ist*" (*prognostische Aussage*) und über das „*Warum*" (*explikative Aussage*) zu gewinnen, verfolgt das *praktische* Ziel, Instrumente der Steuerung und Daseinsgestaltung bereitzustellen (*technologische Aussage*). Als angewandte Wissenschaft ist für die Marketing-Wissenschaft darüber hinaus die Erarbeitung von Methoden- und Theorie-Wissen von besonderer Bedeutung (*methodologische und theoretische Aussagenkategorie*) (vgl. Raffée 1995, Sp. 1668 f. unter Bezugnahme auf Schanz 1992).

Gewissermaßen als „Identitätskern" (Raffée) der Marketing-Wissenschaft kann die Beschreibung, Erklärung, Prognose und Gestaltung von **Austauschbeziehungen** angesehen werden. Dieses Grundparadigma, das den Untersuchungsgegenstand der Marketing-Wissenschaft allerdings noch sehr unscharf beschreibt, hat sich im Laufe der Zeit auf verschiedene Objektbereiche ausgedehnt (vgl. Raffée 1995, Sp. 1669 ff.):

- Marketing verschiedener betrieblicher Funktionen als Objektbereich (Absatzmarketing, Beschaffungsmarketing, Personalmarketing, Finanzmarketing)
- Nonprofit-Marketing und Social Marketing als Objektbereiche
- Makro-Marketing als Objektbereich
- Internes Marketing als Objektbereich
- Marketing für weitere Objektbereiche (Öko-Marketing etc.)

D. Lippold, *Theoretische Ansätze der Marketingwissenschaft,* essentials,
DOI 10.1007/978-3-658-09897-1_1

Durch die ständige Ausweitung der Objektbereiche der Marketing-Wissenschaft wird deutlich, dass die Marketing-Theorie nicht nur betriebswirtschaftliche, sondern auch volkswirtschaftliche und sozialwissenschaftliche Theorien und Erkenntnisse nutzt, um die Komplexität der Marketing-Prozesse in den verschiedenen Objektbereichen angemessen beschreiben, erklären und prognostizieren zu können.

1.2 Zur Notwendigkeit der Theoriebildung

Um die Zusammenhänge und Wirkungsweisen – zumindest in den Sozialwissenschaften – erkennen zu können, sind gedankliche Gebilde von Bedeutung, die geeignet sind, Phänomene der Realität zu erklären. Solche Gedankenkonstrukte werden als Theorien bezeichnet. **Theorien** treffen Aussagen über Ursache-Wirkungsbeziehungen und identifizieren Gesetzmäßigkeiten, die über den Einzelfall hinausgehen.

> Auf der Basis derartiger Regelmäßigkeiten versucht eine Wissenschaft entsprechende Gesetzmäßigkeiten und Theorien (…) zu entwickeln, um die interessierenden Phänomene erklären und prognostizieren zu können. So will man im Marketing eben verstehen, wie eine Kaufentscheidung zu Stande gekommen ist, wie Werbung wirkt und wie sich Kundenzufriedenheit auf Wiederholungskäufe auswirkt. Davon ausgehend kann man dann Maßnahmen planen und realisieren, die zu den angestrebten Wirkungen führen. (Kuß 2013, S. 34)

In diesem Sinne wird Theorie hier nicht als reine, zweckfreie Erkenntnisgewinnung auf hohem Abstraktionsniveau verstanden, sondern als *empirisch-realistische* Theorie, also als *angewandte* Wissenschaft. Ihr Abstraktionsgrad ist entsprechend geringer als der einer reinen Theorie.

Die Gründe, sich mit Marketing-Theorien zu beschäftigen, sind offenkundig: Theorien geben die Richtung für wissenschaftliche Forschung vor und bilden die wichtigste Basis für das Verständnis von Marketing-Phänomenen und ihres Zusammenwirkens. Theorien decken Gesetzmäßigkeiten oder wenigstens Regelmäßigkeiten zum Zwecke der optimalen Gestaltung des Marketing-Prozesses auf. Somit können bewährte Theorien Problemlösungen und Entscheidungen in der Praxis verbessern. Zudem bedarf es für die Anerkennung der Marketing-Wissenschaft als wissenschaftliche Disziplin eigenständiger und spezifischer Theorien (vgl. Kuß 2013, S. 2 unter Bezugnahme auf Maclaran et al. 2008, S. XX).

Theoretische Grundlagen sind demnach erforderlich, um Marketingmodelle, Marketinginstrumente, Marketingaktivitäten und Marketingentscheidungen in ihren Wirkungszusammenhängen zu verstehen.

1.3 Wichtige Theorieansätze der Marketing-Wissenschaft im Überblick

Unter der Vielzahl von existierenden theoretischen Marketing-Ansätzen sollen in den folgenden Abschnitten solche übergreifenden Gruppen von Theorien angesprochen werden, die in ihrer Grundausrichtung und Vorgehensweise wesentliche Gemeinsamkeiten aufweisen:

- **Ansätze der Mikroökonomie auf Basis der Neoklassik** wie z. B. Preis-Absatz-Funktionen, Marktformen oder Preiselastizitäten;
- **Fachspezifische („materielle") Ansätze** wie z. B. der institutionen-, der funktionen- oder der warenorientierte Ansatz, die vorwiegend aus der Handelsforschung kommen;
- **Interdisziplinäre („formale") Ansätze** wie z. B. der entscheidungs-, system- oder verhaltensorientierte Ansatz, die als Entwicklungen der allgemeinen Betriebswirtschaftslehre erst nach und nach Eingang in absatzwirtschaftliche Fragestellungen gefunden haben;
- **Ansätze der (Neuen) Institutionenökonomie**, denen deutlich realitätsnähere Annahmen zugrunde liegen als denen der klassischen mikroökonomischen Theorien, die vornehmlich als preistheoretische Ansätze in die Absatzpolitik eingeflossen sind.

Abbildung 1.1 liefert einen zusammenfassenden Überblick über wichtige theoretisch-konzeptionelle Ansätze, die eine grundlegende Bedeutung für das Marketing haben.

Abb. 1.1 Theoretische Ansätze der Marketing-Wissenschaft

Ansätze der Mikroökonomie auf Basis der Neoklassik

2

In der Absatz- bzw. Marketing-Wissenschaft standen lange Zeit die mikroökonomischen Modelle im Mittelpunkt, denn als Kerngebiet der Volkswirtschaft befasst sich die Mikroökonomik mit dem Verhalten von Konsumenten, Arbeitnehmern und Unternehmen – also auch und vor allem mit betriebswirtschaftlichen Problemen. Im Vordergrund stehen dabei marginalanalytische Berechnungen, also die Veränderungen von Kosten und Absatzmengen in Abhängigkeit vom Preis, sowie Aussagen zum wirtschaftlichen Gleichgewicht und die Allokation knapper Ressourcen jeweils in Abhängigkeit von Anzahl und Größe der Marktteilnehmer.

2.1 Preistheoretische Ansätze

Ziel aller preistheoretischen Modelle der Mikroökonomik ist die Ermittlung des gewinnmaximalen Preises. Ohnehin ging die ökonomische Theorie seit Beginn des 19. Jahrhunderts davon aus, dass der Preis die einzige Variable ist, mit der sich die abzusetzende Menge beeinflussen lässt (vgl. Nieschlag et al. 1972, S. 195).

Die vielleicht wichtigste Grundlage der klassischen Preistheorie ist die **Preis-Absatz-Funktion** (PAF). Sie beschreibt den funktionalen Zusammenhang zwischen dem Preis p als Aktionsvariable und der Absatzmenge x als Reaktionsvariable. Im einfachsten Fall ist der Verlauf der Preis-Absatz-Funktion linear und beschreibt die Funktion:

$$p = a - bx.$$

Abbildung 2.1 zeigt das Beispiel für eine im Normalfall von links nach rechts fallende Preis-Absatz-Funktion. Auf der Ordinate sind verschiedene Preise (p) und auf der Abszisse die zu diesen Preisen nachgefragten Mengen (x) abgetragen. Die

D. Lippold, *Theoretische Ansätze der Marketingwissenschaft*, essentials,
DOI 10.1007/978-3-658-09897-1_2

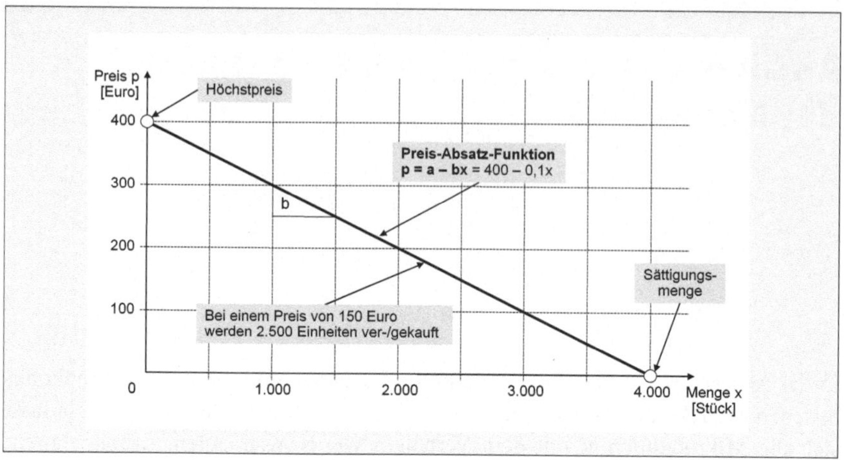

Abb. 2.1 Preis-Absatz-Funktion mit linearem Verlauf

Gerade läuft vom Höchstpreis bis zur Sättigungsmenge. Ist der Höchstpreis erreicht, so wird die Nachfrage nach dem betreffenden Produkt eingestellt. Andererseits ragt die Nachfrage über den Sättigungspunkt nicht hinaus, obwohl der Preis in diesem Fall 0 ist.

Die Steigung der Preis-Absatz-Funktion ist ein Indiz dafür, wie sensibel Nachfrager auf Preisänderungen reagieren. Diese Preissensibilität wird als **Preiselastizität der Nachfrage** bezeichnet. Sie gibt das Verhältnis der relativen Änderung der Absatzmenge auf die relative Preisänderung an. Die dieses Verhältnis beschreibende (dimensionslose) Maßzahl ist der Elastizitätsfaktor (η). Bei einer normal verlaufenden Preis-Absatz-Funktion (d. h. negative Steigung) ist die Preiselastizität stets negativ, weil Preiserhöhungen in der Regel sinkende Absatzmengen nach sich ziehen. Die Preiselastizität der Nachfrage lässt sich folgendermaßen berechnen:

$$\eta = \frac{\textit{Änderung der Absatzmenge in } \%}{\textit{Änderung des Preises in } \%}$$

Bei $\eta < -1$ spricht man von einer *elastischen* Nachfrage, bei der die prozentuale Veränderung der Menge größer als die entsprechende Veränderung des Preises ist. Bewirkt die Preisänderung dagegen nur eine schwache Reaktion der Nachfrage, d. h. eine unterproportionale Mengenänderung, so liegt eine *unelastische* Nachfrage vor ($-1 < \eta < 0$). Eine unelastische Nachfrage ist häufig bei Sammler-

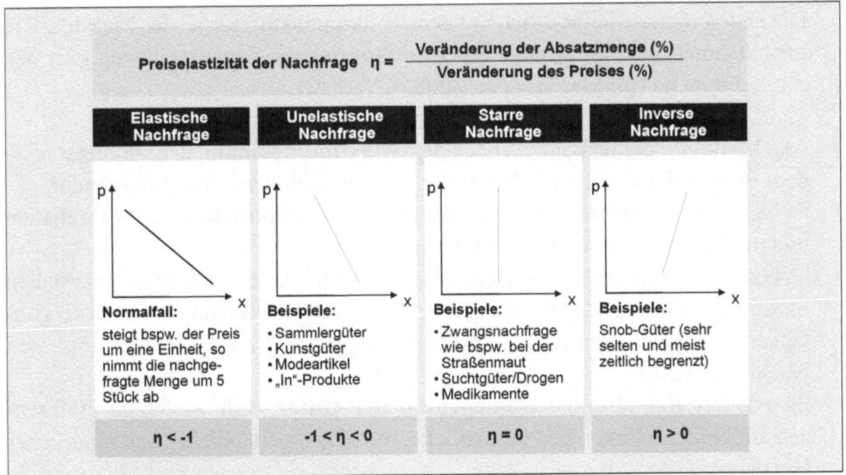

Abb. 2.2 Preis-Absatz-Funktionen und Preiselastizität der Nachfrage

oder Kunstgüter, bei Modeartikeln oder „In"-Produkten anzutreffen. Bewirkt eine Preisänderung dagegen gar keine Veränderung der nachgefragten Menge, so ist die Nachfrage *vollkommen unelastisch* bzw. *starr* ($\eta = 0$). Dieses Phänomen ist bei Gütern zu beobachten, die einer Zwangsnachfrage unterliegen (z. B. Straßenmaut). Suchtgüter, Drogen und bestimmte Medikamente zählen ebenfalls zu den Produkten mit starrer Nachfrage. Ein Sonderfall ist die *inverse* Nachfrage, d. h. eine Preiserhöhung induziert eine Zunahme der nachgefragten Menge. Die Nachfrage ist somit *positiv elastisch* ($\eta > 0$). Snobgüter sind ein Beispiel für diese Kategorie.

In Abb. 2.2 ist die unterschiedliche Sensitivität der Nachfrager auf Preisänderungen mit entsprechenden Beispielen dargestellt.

2.2 Annahmen über das Verhalten der Marktteilnehmer

Obgleich die Konzepte der oben spezifizierten Preis-Absatz-Funktion und der Preiselastizität der Nachfrage in Teilbereichen durchaus plausibel erscheinen, werden in der klassischen Preistheorie praxisrelevante Problemstellungen durch eine Reihe von Annahmen stark eingeengt. Dazu zählen u. a. die Prämisse eines vollkommenen Marktes sowie die Annahme, dass das Verhalten der Anbieter am Markt durch ihre Zahl bestimmt ist.

Die erste Prämisse befasst sich mit dem Vollkommenheitsgrad des Marktes. Die Grundannahmen für die Existenz eines **vollkommenen Marktes** lassen sich wie folgt beschreiben (vgl. Meffert et al. 2008, S. 502 ff.):

- Alle Marktteilnehmer handeln nach dem **Maximumprinzip**, d. h. Anbieter nach dem Prinzip der Gewinnmaximierung, Käufer nach dem Nutzenmaximum.
- Es herrscht eine **unendlich große Reaktionsgeschwindigkeit** bei betrieblichen und marktlichen Anpassungsprozessen.
- Es besteht **vollkommene Markttransparenz**, d. h. alle Marktteilnehmer haben eine vollständige Übersicht über die Zahl der Marktteilnehmer, die Bedingungen, zu denen sie bereit sind, Kaufverträge abzuschließen, die Angebots- und Nachfragemengen etc.
- Es existiert eine absolute **Homogenität der Güter**, d. h. es fehlen Präferenzen auf beiden Marktseiten in sachlicher, örtlicher, persönlicher und räumlicher Hinsicht.
- Es gibt keine **staatlichen Eingriffe**, d. h. es besteht freier Marktzugang und freie Preisbildung.

Diese Prämissen bei der preistheoretischen Analyse führen zum Modell des vollkommenen Marktes. Wird auch nur eine der Annahme aufgehoben, so liegt ein unvollkommener Markt vor.

Die Annahmen des vollkommenen Marktes sind immer wieder diskutiert worden. Es besteht Übereinkunft in der Einschätzung, dass sie nur in sehr seltenen Ausnahmefällen den realen Verhältnissen annähernd entsprechen. Einige knappe Hinweise sollen dies verdeutlichen (vgl. Kuß 2013, S. 210 ff.):

Nutzen- bzw. Gewinnmaximierung Die empirische Zielforschung bei Unternehmen hat das Vorhandensein nur einer Zielvariablen mehrfach widerlegt und lässt eine differenziertere Beurteilung als zweckmäßig erscheinen. Auch beim Konsumentenverhalten muss die alleinige Ausrichtung auf Maximierung des eigenen Nutzens (*Prinzip des Homo oeconomicus*) in Frage gestellt werden. Impulskäufe oder Verhaltensweisen, die durch Aspekte wie Gerechtigkeit, Solidarität oder Ökologie bestimmt sind, wären damit ausgeschlossen.

Unendliche Reaktionsgeschwindigkeit Diese Annahme steht ebenfalls im klaren Widerspruch zur Realität, da jeder menschliche Entscheidungsprozess Zeit erfordert. Dieser Zeitraum kann wenige Sekunden (beim Griff ins Regal) oder gar Wochen oder Monate (beim Kauf eines Eigenheims oder bei komplexen industriellen Beschaffungsprozessen) umfassen. Der Fiktion einer unendlich großen Reaktionsgeschwindigkeit entsprechen annähernd hochorganisierte Märkte (internationale Rohstoffe, IT-gestützte Auktionen, Börsen etc.).

Vollkommene Markttransparenz Die Prämisse der vollkommenen Informiertheit ist sowohl für Unternehmen als auch für Konsumenten weit von der Realität entfernt. Tatsächlich herrscht auf Seiten der Unternehmen Unsicherheit über den Verlauf der Preis-Absatz-Funktion oder der Kostenfunktion, die wiederum auf die Unkenntnis der Reaktionen der Nachfrager und Wettbewerber zurückzuführen ist. Und auf Seiten des Konsumenten sind es trotz eines deutlich umfangreicheren und leichter zugänglichen Informationsangebots die kognitiven Fähigkeiten des Handelnden selbst, die zu Beschränkungen werden und die ein völlig rationales Handeln im Sinne des Homo oeconomicus unmöglich machen. Individuen können Fehler in ihren Einschätzungen und Wahrnehmungen machen, sie können Aspekte übersehen und die gleiche Information subjektiv unterschiedlich einschätzen. So plädiert der Nobelpreisträger für Wirtschaftswissenschaften Herbert A. Simon dafür, dass die ökonomische Theorie die begrenzten Fähigkeiten der Individuen zur Aufnahme und Verarbeitung von Information berücksichtigen müsse (vgl. Taschner 2015, S. 14).

Homogenität der Güter Es ist ja gerade das Wesen jeglicher Marketingbemühungen, untereinander ähnliche Produkte durch Präferenzbildung unterscheidbar zu machen. Von den Vertretern der Neoklassik wird also die Vielfalt der durch Marketing unterscheidbar gemachten Produkte nicht zur Kenntnis genommen. Selbst bei praktisch völlig homogenen Produkten ist zu beobachten, wie z. B. durch Markenbildung Präferenzen beim Konsumenten geschaffen werden (z. B. Yellow-Strom, Ciquita-Bananen).

Staatliche Eingriffe Auch diese Prämisse ist in einigen Marktfeldern realitätsfern. So sind bspw. die im Bereich der erneuerbaren Energien notwendigen privatwirtschaftlichen Investitionen ohne staatliche Hilfe kaum denkbar.

2.3 Marktformen

Die zweite Prämisse bezieht sich auf die **Anzahl und Größe der Anbieter**. Grundsätzlich kann zwischen einem großen Anbieter (*Angebotsmonopol*), wenigen großen Anbietern (*Angebotsoligopol*) und vielen kleinen Anbietern (*Angebotspolypol*) unterschieden werden. Dabei werden folgende Verhaltensweisen der Anbieter unterstellt (vgl. Meffert et al. 2008, S. 504):

- **Monopol**: Der Anbieter hat im Rahmen seiner Preisfestsetzung ausschließlich die Reaktion der Nachfrager zu berücksichtigen (→ Preisanpasser).
- **Oligopol**: Der Anbieter muss im Rahmen seiner Preisbildung sowohl die Reaktion der Nachfrager als auch das Verhalten seiner Wettbewerber berücksichtigen.
- **Polypol**: Der Anbieter hat aufgrund des Wettbewerbsdrucks keinen Spielraum bei der Preisbildung. Stattdessen übernimmt er den bestehenden Marktpreis und verzichtet auf eine eigene Preispolitik (→ Mengenanpasser).

Die Kritik an diesem Modell lässt sich wie folgt zusammenfassen (vgl. Nieschlag et al. 1972, S. 195):

Monopol Während – theoretisch betrachtet – der Monopolist seine Preise gewissermaßen selbstherrlich festlegen kann, sieht die betriebliche Wirklichkeit anders aus: Der Markt für eine bestimmte Leistung kann jemals kaum so abgegrenzt und isoliert betrachtet werden, dass man tatsächlich von einer wirklichen Monopolstellung sprechen könnte. Zu eng sind die Verflechtungen zwischen den einzelnen Teilmärkten. Auch gibt es in der Wirklichkeit nur ganz wenige Einproduktunternehmen, die zudem die Bedeutung anderer absatzpolitischer Instrumente gänzlich ignorieren.

Oligopol und Polypol auf vollkommenen Märkten Beide Angebotsformen dürfte es auf vollkommenen Märkten in Wirklichkeit nicht geben. Schließlich ist es das Wesen von Konkurrenten im Markt, dass sie Präferenzen bei den Nachfragern erzeugen.

Oligopol und Polypol auf unvollkommenen Märkten Die Vielfalt und Erscheinungsformen von Anbietern auf unvollkommenen Märkten können kaum erfasst und systematisiert werden. Immer wenn sich Präferenzen herausbilden, können Unternehmen den Preis für ein an sich homogenes Gut innerhalb gewisser Grenzen nach oben oder nach unten verändern, ohne Gefahr zu laufen, Kunden zu verlieren. Zwischen dem oberen und dem unteren Grenzpreis liegt somit eine Zone, in der sich der Anbieter wie ein Monopolist verhalten kann. Grafisch darstellen lässt sich dieser preispolitische Spielraum durch die **doppelt geknickte Preis-Ab-**

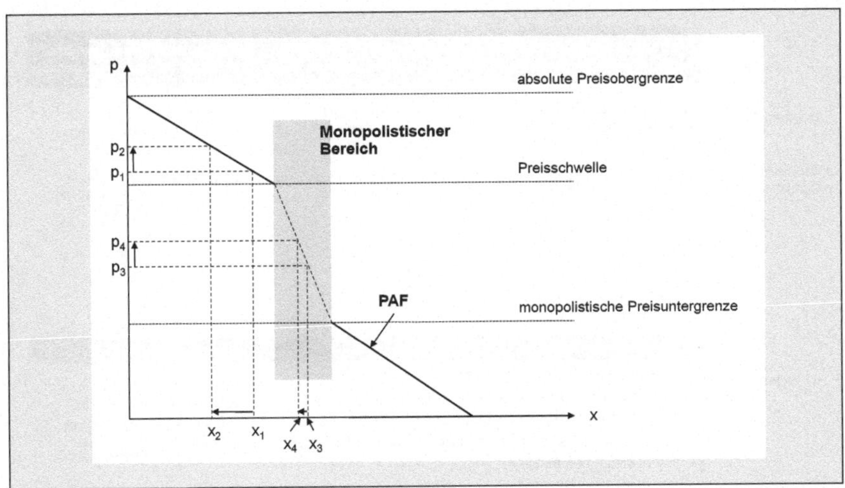

Abb. 2.3 Doppelt geknickte Preis-Absatz-Funktion nach GUTENBERG

satz-Funktion, die auf Erich Gutenberg zurückgeht. Charakteristisch darin ist der monopolistische Bereich, in dem die Preis-Absatz-Funktion sehr steil (unelastisch) verläuft. Selbst größere Preiserhöhungen (von p_3 nach p_4 in Abb. 2.3) haben hier nur einen geringen Einfluss auf die nachgefragte Menge (von x_3 nach x_4). Im Vergleich dazu führt die Preiserhöhung von p_1 nach p_2 zu einem deutlich höheren Mengenrückgang (von x_1 nach x_2). In diesem Bereich kann sich das Unternehmen preispolitisch ähnlich wie ein Monopolist verhalten. Dies resultiert aus der Unvollkommenheit des Marktes und den durch Marketingmaßnahmen (z. B. durch Marken- oder Standortpolitik) bewirkten Präferenzen, die zu einer wahrgenommenen Heterogenität der Produkte führen. Der Anbieter genießt in diesem Bereich deshalb einen preispolitischen Spielraum, weil der (Stamm-)Kunde für das Produkt erhebliche zeitliche, persönliche, örtliche oder sachliche Vorlieben (Präferenzen) hat. Erst oberhalb der Preisschwelle werden viele Kunden das Produkt nicht mehr kaufen. Abbildung 2.3 verdeutlicht diesen Erklärungsansatz.

Fazit

Wenn auch die theoretischen Ansätze der Mikroökonomik für praktische Fragestellungen heute keine große Rolle mehr spielen, so verweisen doch einige Autoren (z. B. Kaas 2000) darauf, dass bestimmte Konzepte wie die (geknickte)

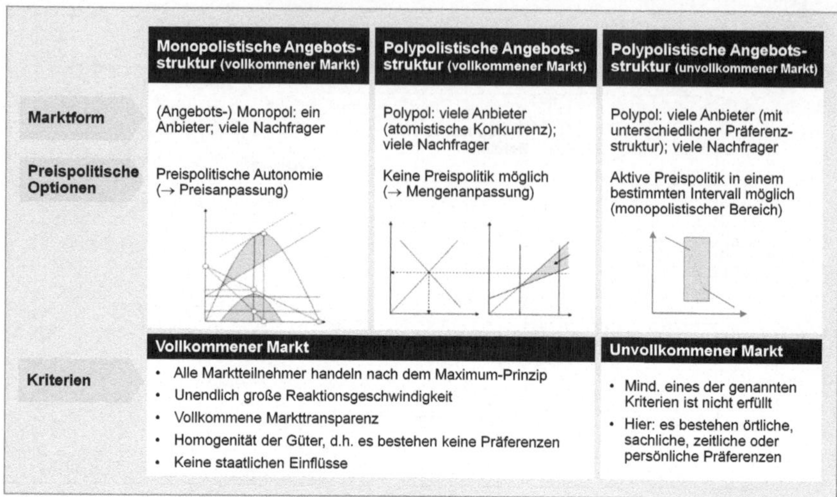

Abb. 2.4 Wichtige Angebotsstrukturen in der klassischen Preistheorie

Preis-Absatz-Funktion oder die Preiselastizitäten einen dauerhaften Platz in der Marketing-Wissenschaft gefunden haben.

Abbildung 2.4 liefert einen zusammenfassenden Überblick über wichtige Angebotsstrukturen der klassischen Preistheorie.

Materielle Ansätze zur Marketingtheorie

3

Die materiellen Ansätze zur Marketingtheorie entstammen vorwiegend aus der Handelsforschung, denn die **Handelsbetriebslehre** nahm nach dem 2. Weltkrieg eine Schlüsselstellung zur Entfaltung der Betriebswirtschaftslehre in Deutschland ein. Sie wurde insbesondere durch Rudolf Seyffert (1955) und Bruno Tietz (1993) geprägt. Die besondere Bedeutung sowohl des funktionellen als auch des institutionellen Handels bildet bis heute einen wesentlichen Eckpfeiler bei der Entwicklung von Marketing-Konzeptionen (vgl. Meissner 1995, Sp. 789).

Die Marketing-Theorie (im Sinne einer angewandten Wissenschaft) kann sich verschiedener materieller Erkenntnismethoden bedienen, wobei jeder dieser Ansätze (engl. *Approaches*) jeweils ein bestimmtes fachspezifisches Phänomen bzw. Gesetzmäßigkeit in den Vordergrund des Erkenntnisinteresses rückt. Zu den materiellen Ansätzen der Absatztheorie zählen:

- **Institutionenorientierter Ansatz**, d. h. die Untersuchung und Systematisierung der im Absatzbereich tätigen Organe;
- **Funktionenorientierte Ansatz**, d. h. die Untersuchung und Systematisierung der Tätigkeiten und Leistungen im Absatzbereich;
- **Warenorientierte Ansatz**, d. h. die Untersuchung des absatzwirtschaftlichen Geschehens unter Berücksichtigung der stofflichen und ökonomischen Wareneigenarten.

3.1 Institutionenorientierter Ansatz

Der institutionenorientierte Ansatz ist der älteste Ansatz der Absatz- bzw. Marketing-Theorie und geht auf Erich Schäfer (1950) und Rudolf Seyffert (1955) zurück. Forschungsgegenstand sind die in der Praxis vorgefundenen absatzwirt-

D. Lippold, *Theoretische Ansätze der Marketingwissenschaft,* essentials,
DOI 10.1007/978-3-658-09897-1_3

Kriterium	Ausprägung bzw. Betriebsform
Standortgebundenheit	• Ambulanter Handel • Stationärer Handel
Räumlicher Zusammenhang zwischen Händler, Ware und Käufer	• Ladengeschäft • Versandhandel • Online-Handel
Gestaltung der Sortimente	• Fachgeschäft • Branchenunabhängiger Handel (z.B. Warenhaus, Universalversender)
Organisation der Bedienung	• Fremdbedienung • Selbstbedienung
Räumliche Konzentration des Warenabsatzes	• Einzelgeschäft • Filialgeschäft

Abb. 3.1 Klassifikation von Betriebsformen im Einzelhandel

schaftlichen Organe („Institutionen"). Diese werden beschrieben, klassifiziert und um Konzentrations- und Kooperationsformen ergänzt. Besonders häufig zusammentreffende Einzelausprägungen werden zu Typen verdichtet, so dass sich die Vielfalt der Realität einfacher beschreiben lässt. Ziel ist neben der Beschreibung und Klassifizierung empirisch relevanter absatzwirtschaftlicher Institutionen die Ableitung kosten- und ertragswirtschaftlicher Aussagen. Von Bedeutung ist dieser Ansatz für die Erklärung der Entstehung und des Wandels von Handelsbetriebsformen, die als Schlüssel zur Erkenntnis des Strukturwandels im Handel gelten („**Dynamik der Betriebsformen des Handels**"). Ansatzpunkte für die Klassifikation solcher Betriebsformen sind Kriterien wie *Standortgebundenheit* oder *Gestaltung der Sortimente* (siehe Abb. 3.1).

Die Betriebsformen als Inbegriff empirisch vorgefundener Handelsbetriebe, die in ausgewählten Merkmalsausprägungen übereinstimmen, kombinieren somit die verschiedenen unternehmerischen Konzeptionen, nach denen ein Handelsbetrieb aufgebaut und geführt werden kann (vgl. Nieschlag 1972, S. 104 ff.).

Der empirische Nutzen des institutionenorientierten Ansatzes liegt in dessen Eignung zur Ableitung eines typenspezifischen Handelsmarketings.

3.2 Funktionenorientierter Ansatz

Im Mittelpunkt des funktionenorientierten Theorieansatzes steht die Beschreibung und Analyse der verschiedenen Absatzfunktionen. Er schafft die Voraussetzungen für eine ordnende und klärende Darstellung des marktlichen Tätigkeitsfeldes der Unternehmen, besonders der Handelsunternehmen. Hierbei nimmt die über Jahrzehnte aktuelle Frage nach den **Funktionen des Handels** (und damit nach seiner

Existenzberechtigung) eine besondere Stellung ein – nicht zuletzt als Reaktion auf das Erfordernis, den Sinn von Preisaufschlägen, Handelsspannen etc. zu begründen. Ausgangspunkt der Forschung sind die Spannungen, die für jedes Absatzgut zwischen dessen Herstellung und Verbrauch bzw. Verwendung besteht und die das Marketing überwinden hilft. Diese Überbrückungs- bzw. Ausgleichsfunktion kommt in qualitativer, quantitativer, räumlicher und zeitlicher Hinsicht zum Tragen, wobei die jeweilige Funktionsverteilung im Absatzkanal von besonderem Interesse ist (siehe u. a. Oberparleitner 1918, Marré 1960 und Leitherer 1966):

- **Funktion des qualitativen Ausgleichs.** Mit dieser Ausgleichsfunktion, die heute wohl die wichtigste und aus Marketing-Sicht die interessanteste Handelsaufgabe darstellt, ist vornehmlich die Bildung von bedarfsgerechten Sortimenten gemeint (Sortimentsfunktion).
- **Funktion des quantitativen Ausgleichs.** Der Ausgleich quantitativer Spannungen ist deshalb erforderlich, weil die Produktionsmengen der meisten Güter nicht mit den Bedarfsmengen übereinstimmen (Ausnahme: Einzel- und Auftragsfertiger).
- **Funktion des räumlichen Ausgleichs.** Diese Überbrückungsfunktion spielt vor allem dort eine Rolle, wo die Distanz zwischen dem Ort der Erzeugung und des Verbrauchs groß ist. In diesem Fall nimmt der Handel Transportaufgaben wahr und führt die Angebote an die regional verstreuten potenziellen Kunden heran.
- **Funktion des zeitlichen Ausgleichs.** Häufig verlaufen Produktion von und Nachfrage nach Gütern nicht synchron. In diesem Fall gleicht der Handel die entsprechenden Zeitspannen durch Lagerhaltung aus.

Durch die Entwicklung der Verkehrs- und Informationstechnik, der Verpackungs- und Konservierungsmethoden sowie der Einführung synthetischer Werkstoffe sind einige dieser „klassischen" Handelsfunktionen – vor allem die der Raum- und Zeitüberbrückung – weniger wichtig geworden. Stattdessen ist im Hinblick auf die stärkere Ausrichtung des Marketings in vertikalen Systemen die Funktionsaufteilung zwischen Handels- und Herstellermarketing in den Blickpunkt des Forschungsinteresses gerückt (vgl. Hansen 1990).

3.3 Warenorientierter Ansatz

Der warenorientierte Theorieansatz (engl. *Commodity approach*) untersucht das Marketing-Geschehen unter dem Aspekt der im Markt befindlichen Güter. Als typologische Methode befasst er sich mit dem Einsatz der Marketing-Instrumente in Abhängigkeit von bestimmten Produkteigenschaften. Seine Aufgabe ist es,

Merkmal	Merkmalsausprägung (Warentyp)
Träger des Bedarfs	• Produktivgüter • Konsumgüter
Nutzungsdauer	• Verbrauchsgüter • Gebrauchsgüter
Periodizität des Bedarfs	• Waren des täglichen Bedarfs • Waren des periodischen Bedarfs • Waren des aperiodischen Bedarfs
Dringlichkeit des Bedarfs	• Lebensnotwendige Güter • Luxusgüter
Kaufgewohnheit	• Convenience Goods • Shopping Goods • Speciality Goods
Reifestadium im Produktionsprozess	• Rohstoffe • Zwischenprodukte • Fertigprodukte
Preisbildung	• Kostenorientierte Preisbildung • Konkurrenzorientierte Preisbildung • Nachfrageorientierte Produkte
Markenbildung	• Markierte Produkte • Anonyme Produkte
Erklärungsbedürftigkeit	• Erklärungsbedürftige Produkte • Beratungsbedürftige Produkte • Bekannte Produkte

Abb. 3.2 Warentypologische Merkmale und ihre Ausprägungen. (Quelle: Knoblich 1995, Sp. 40 f.)

generelle Aussagen über Marketing-Konzeptionen unter besonderer Berücksichtigung der Produkte und ihrer Eigenschaften zu machen. Nach dem Grad der Abstraktion der zu gewinnenden Erkenntnisse ist die **typologische Methode** in der Mitte zwischen der generalisierenden Vorgehensweise („*Generalisation*") und der individualisierenden Methode („*Individuation*") einzuordnen. Die typologische Betrachtungsweise bietet sich an, weil sie aufgrund ihres mittleren Abstraktionsgrades weder zu sehr auf die Besonderheiten des Einzelfalles (der Individuation) abzielt, noch realitätsfernen, abstrakten Denkmodellen (der Generalisation) nachgeht. Hier werden – je nach Fragestellung – bestimmte Warenarten, die in wesentlichen Merkmalsausprägungen übereinstimmen, zu einem besonderen **Warentyp** zusammengefasst. Dieser repräsentiert sodann das bei einer bestimmten Aufgabenstellung – z. B. Wahl der Distributionskanäle – das gemeinsam Wesentliche mehrerer Warenarten (vgl. Knoblich 1977, S. 63 f.).

Beispiele wichtiger warentypologischer Merkmale und Ausprägungen sind in Abb. 3.2 aufgeführt.

Die Anwendungsmöglichkeiten der Warentypologie im Marketing beruhen auf der Erkenntnis, dass ein bestimmter Produkttyp als eine Gruppierung von Erzeug-

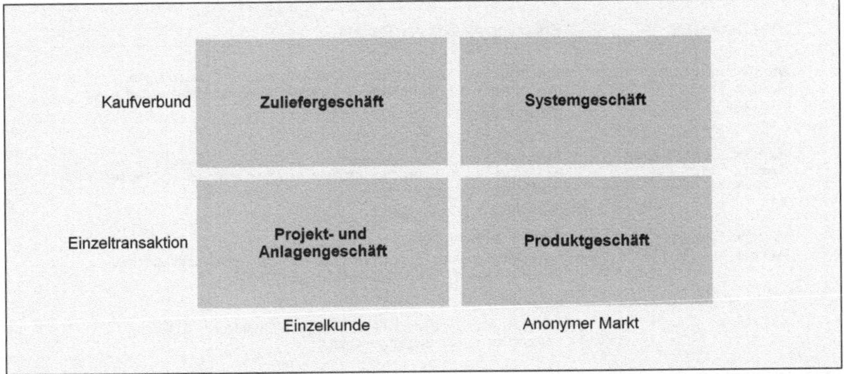

Abb. 3.3 Geschäftstypenansatz nach Backhaus und Voeth. (Quelle: in Anlehnung an Backhaus und Voeth 2010)

nissen mit gleichen Merkmalsausprägungen auch bestimmte, gleichartige Marketing-Aktivitäten.

Während Kuß der Ansicht ist, dass der warentypologische Ansatz heute keine wesentliche Rolle mehr spielt (vgl. Kuß 2013, S. 198 f.), erfährt dieser Klassifikationsansatz mit der **Geschäftstypenklassifikation** eine Renaissance für das dynamisch wachsende Gebiet des B2B-Marketings. Recht prominent geworden ist dabei die Darstellung der Autoren Backhaus und Voeth (2010, S. 199 ff.). Danach wird der Investitionsgütermarkt maßgeblich von den beiden Dimensionen „*Einzelkunde vs. anonymer Markt*" und „*Einzeltransaktion vs. Kaufverbund*" bestimmt (siehe Abb. 3.3). Innerhalb dieser beiden Dimensionen lassen sich vier Idealausprägungen von Geschäftstypen ableiten:

- **Zulieferergeschäft** (Ausrichtung auf bestimmte Einzelkunden mit oftmals langfristig angelegtem Kaufverbund);
- **Systemgeschäft** (Ausrichtung auf viele Kunden mit ausgeprägtem zeitlichen Kaufverbund);
- **Anlagengeschäft** (Einzeltransaktion zur Erbringung von individuellen Leistungen für den Einzelkunden);
- **Produktgeschäft** (vorproduzierte, standardisierte Produkte werden ohne Kaufverbund für den anonymen Markt angeboten).

Der Grund für die breite Diskussion und Akzeptanz dieses Ansatzes liegt in dessen hoher Eignung zur Ableitung eines typenspezifischen Marketings für den Investitionsgüter- (heute: B2B-) Bereich.

Theorieansatz	Erklärungsansatz der Theorie
Institutionsorientierter Ansatz	Beschreibung, Klassifikation und Erklärung empirisch bedeutsamer absatzwirtschaftlicher Institutionen, insbesondere des Handels und seiner Betriebsformen
Funktionsorientierter Ansatz	Ausrichtung der Marketing-Instrumente in vertikalen Systemen insbesondere im Hinblick auf die Funktionsaufteilung zwischen Handels- und Herstellermarketing
Warenorientierter Ansatz	**Konsumgüterbereich:** Kategorisierungen z. B. nach Convenience-, Shopping- und Speciality-Goods mit jeweils gleichartigen Marketing-Aktivitäten **Investitionsgüterbereich:** Kategorisierung z. B. nach Geschäftsarten wie Anlagen-, Zulieferer-, Komponenten- und Systemgeschäft

Abb. 3.4 Erklärungsbeiträge „materieller" Theorieansätze für das Marketing

Fazit

Theoretische Analysen auf der Grundlage der oben beschriebenen Sachkategorien *Institution*, *Funktion* und *Ware* kann man zusammenfassend „als Versuche einer *Strukturerhellung* des absatzwirtschaftlichen Bereichs" bezeichnen, denn nur ganz wenige Ansätze sind nicht nur erklärend, sondern gleichzeitig auch handlungsleitend. Die Frage ist aber, ob die Strukturerhellung das eigentliche Ziel der Marketing-Lehre sein kann. Vielleicht sollte eher aufgezeigt werden, wie sich Unternehmer und/oder Manager im Rahmen solcher erhellten Strukturen und in Auseinandersetzung mit ihnen verhalten oder entscheiden können bzw. welche Handlungsalternativen ihnen gegeben sind (vgl. Leitherer 1964, S. 14).

In Abb. 3.4 sind noch einmal die drei *materiellen* Theorieansätze mit ihren Erklärungsbeiträgen für das Marketing zusammengefasst.

Formale Ansätze zur Marketingtheorie 4

Im Gegensatz zu den älteren *materiellen* Theorieansätzen sind die *formalen* (interdisziplinären) Ansätze dadurch gekennzeichnet, dass sie Entwicklungen der allgemeinen Betriebswirtschaftslehre darstellen, die erst danach speziell auf absatzwirtschaftliche Fragestellungen angewendet wurden. Diese Theorieansätze sind also nicht marketingspezifisch, sondern begründen allgemein **Denkschulen der Betriebswirtschaftslehre**. Es handelt sich dabei um folgende Ansätze, die für die deutschsprachige Marketinglehre den Status eines **Paradigmas** (also einer wissenschaftlicher Grundauffassung) erreicht haben:

- **Entscheidungsorientierter Ansatz**, d. h. Erkenntnisgegenstand sind die absatzwirtschaftlichen Entscheidungstatbestände und der Ablauf des Entscheidungsprozesses,
- **Systemtheoretischer Ansatz**, d. h. die Steuerung von Aktivitäten im Absatz-Subsystem des Unternehmens und die Beziehung zu anderen Systemen,
- **Verhaltensorientierter Ansatz**, d. h. die Untersuchung absatzwirtschaftlichen Verhaltens der Marktpartner und der Möglichkeiten seiner Steuerung.

4.1 Entscheidungsorientierter Ansatz

In den 1960er Jahren entwickelte Edmund Heinen das Konzept der entscheidungsorientierten Betriebswirtschaftslehre. Im Gegensatz zu Erich Gutenberg, der die Kombination von Produktionsfaktoren als wesentlichen Untersuchungsgegenstand der Betriebswirtschaftslehre ansah, plädierte Heinen dafür, die betriebswirtschaftlichen Probleme so zu analysieren, wie sie sich in der Praxis darstellen, nämlich als Entscheidungsprobleme, denn „... *alles Geschehen in einer Betriebswirtschaft*

D. Lippold, *Theoretische Ansätze der Marketingwissenschaft,* essentials,
DOI 10.1007/978-3-658-09897-1_4

kann letztlich als Ausfluss menschlicher Entscheidungen oder Entschlüsse angesehen werden" (Heinen 1970, S. 18).

Nicht zuletzt aufgrund folgender Charakteristika zählt der entscheidungsorientierte Ansatz zu den bedeutendsten theoretischen Grundlagen der Betriebswirtschaftslehre (vgl. Heinen 1970, S. 36 ff.):

- Da das (bislang unterstellte) vollkommen rationale Verhalten des Menschen (*Prinzip des Homo Oeconomicus*) wenig realistisch ist, wird explizit das Konzept der **begrenzten Rationalität** eingeführt.
- Mit der Abkehr vom Homo Oeconomicus gewinnt das **Informationsproblem** an Bedeutung. Da der Entscheider solange nach möglichen Handlungsalternativen sucht, bis der erwartete Zielerreichungsgrad sein Anspruchsniveau erreicht oder übersteigt, werden Entscheidungen nur so lange mit zusätzlich zu beschaffenden Informationen unterlegt, bis die weitergehende Informationsbeschaffung weniger kostet, als sie an Entscheidungsverbesserungen einbringt.
- Entscheidungen sind nicht *zeitlos*, sondern durch einen ausgeprägten **Prozesscharakter** gekennzeichnet. Dabei durchläuft der Entscheidungsprozess zwei Hauptprozesse: die *Willensbildung* (Anregung, Suche, Auswahl) und die *Willensdurchsetzung* (Realisierung). Alle Vorgänge im Rahmen des Entscheidungsprozesses bedürfen einer laufenden Überwachung und werden somit von der *Kontrolle* überlagert.
- Als Aussagekategorien unterscheidet Heinen die beschreibende (deskriptive) und die vorschreibende (präskriptive) Entscheidungstheorie. **Deskriptive Theorieaussagen** entwerfen ein Bild, wie das Verhalten der handelnden Wirtschaftsobjekte ist, war oder sein wird („Wie entscheiden Entscheidungsträger tatsächlich?"). Die **präskriptive Entscheidungstheorie** entwickelt Modelle und Regeln mit dem Ziel, Empfehlungen für „richtiges" Verhalten bzw. „richtige" Entscheidungen zu geben „Wie soll ein Entscheidungsträger entscheiden?").

Der entscheidungsorientierte *Marketing-Ansatz* wurde entscheidend von Heribert Meffert geprägt. Wichtige *marketingpolitische* Entscheidungsfelder sind die Situationsanalyse, die Formulierung von Marketingzielen und -strategien sowie die Bestimmung alternativer Instrumentekombinationen (vgl. Meffert 1998, S. 21).

4.2 Systemtheoretischer Ansatz

Im systemtheoretischen Ansatz, dessen Verbindung mit der Kybernetik zu einer Managementlehre auf Hans Ulrich (1968) zurückgeht, werden Organisationen als offene, dynamische und komplexe Systeme betrachtet, die einem permanenten

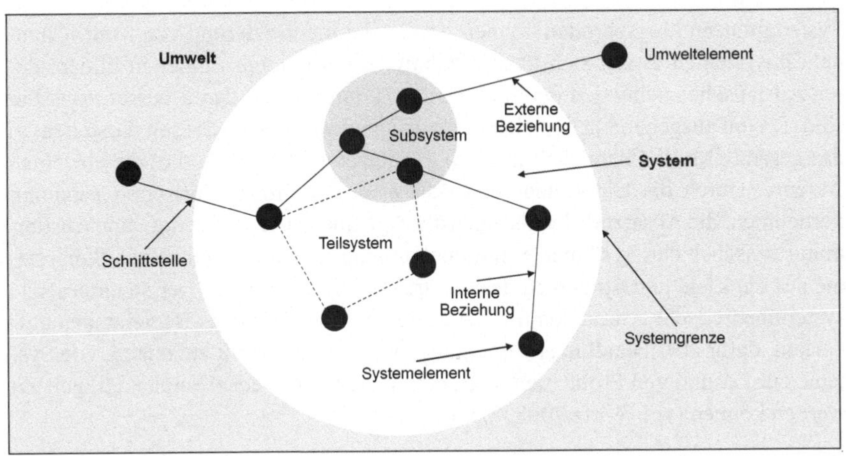

Abb. 4.1 Systemstrukturen

Wandel und einer Eigendynamik unterliegen sowie zielorientiert sind. Offen ist ein System dann, wenn zwischen den einzelnen Systemelementen nicht nur untereinander, sondern auch zu ihrer Umwelt Austauschbeziehungen stattfinden. Die besondere Dynamik und Komplexität von offenen Systemen äußert sich durch die Menge und Vielfalt der Input-Output-Beziehungen, die durch den permanenten Austausch von Informationen und Gütern zustande kommt. Die Beschreibung der Austauschbeziehungen zwischen den Systemelementen erfolgt in Regelkreisen.

Abbildung 4.1 zeigt ein idealtypisches Beispiel für Systemstrukturen.

Der systemtheoretische Ansatz bedient sich einer Vielzahl von Erklärungsmustern aus benachbarten Wissenschaftsdisziplinen und löst somit die Marketing-Theorie aus ihrem eindimensionalen Erklärungsschema (vgl. Meissner 1995, Sp. 792).

Ausgangspunkt des systemtheoretischen Ansatzes im *Marketingbereich* bildet die Analyse des (in der Regel komplexen) Marketingsystems und seiner Systemelemente (Lieferanten wie Werbeagentur, Kommunikationsagentur, Marktforschungsunternehmen, der Produzent als anbietendes Unternehmen, Absatzmittler, Kunde). Aus ihrer Beschreibung und Analyse können Gestaltungsempfehlungen für das Marketing abgeleitet werden. Bei der Analyse des Verhaltens der Systemelemente bedient sich der systemorientierte Ansatz einer „mehrdimensionalen", ganzheitlichen Betrachtung der Marketingproblemstellung unter Zuhilfenahme verschiedener psychologischer, soziologischer und ökonomischer Aspekte.

Ein anschauliches Beispiel für den systemtheoretischen Ansatz ist der Aufbau von **Multi-Channel-Distributionssystemen**, denen in der Regel eine hohe Komplexität mit sehr vielen Akteuren zugrunde liegt und deren Beziehungen auch

Systemgrenzen überschreiten können. Durch die Identifizierung von Multi-Channel-*Sub*systemen lassen sich überschaubare, eigenständige Einheiten bilden, deren Austauschbeziehungen deutlich weniger komplex und damit besser erfassbar sind. Davon ausgehend lassen sich drei verschiedene Analyseebenen darstellen: a) das gesamte Multi-Channel-System, b) die einzelnen Kanäle und c) die einzelnen Akteure. Durch die Untergliederung lässt sich eine organisatorische Gestaltung vornehmen, die Absatzmittler als eigenständige Subsysteme aufzeigt, eine Abstimmung zwischen den Systemen ermöglicht und die Akteure der einzelnen Subsysteme auf die Ziele und Strategien des Gesamtsystems ausrichtet. Der so eingesetzte systemtheoretische Ansatz kann zwar keine Ursache-Wirkungs-Beziehungen aufdecken, dafür aber Handlungsempfehlungen geben und damit aufzeigen, wie Systeme zur Lösung von Problemen, z. B. dem Umgang mit der Komplexität, genutzt werden können (vgl. Wirtz 2008, S. 93 ff.).

4.3 Verhaltensorientierter Ansatz

Der verhaltenswissenschaftliche Ansatz basiert nicht primär auf ökonomische oder monetär erfassbare Theorieansätze, sondern bedient sich ausdrücklich psychologischer, soziologischer und ethnologischer Theoriekonstrukte. Damit ist auch hier eine konsequente Öffnung der Marketing-Theorie zu benachbarten Wissenschaftsdisziplinen entstanden (vgl. Meissner 1995, S. 792).

Untersuchungsgegenstand verhaltenswissenschaftlicher Ansätze innerhalb der Marketing-Wissenschaft sind folgende drei Bereiche – allerdings mit sehr unterschiedlichem Gewicht (vgl. Kuß 2013, S. 218):

- Konsumentenverhalten
- Organisationales Beschaffungsverhalten
- Entscheidungsverhalten von Managern.

Ziel der **Konsumentenforschung**, die das deutlich größte Gewicht hat, ist es, psychologische, soziologische und empirische Erklärungen über das Verhalten von Konsumenten zu erhalten. Solche Erklärungsmodelle sollen aber nicht nur Einsichten in verhaltenswissenschaftliche Konstrukte wie das Käuferverhalten liefern, sondern auch Anhaltspunkte über die Wirkung von Marketinginstrumenten auf das menschliche Verhalten geben.

Zu den bekanntesten verhaltenswissenschaftlichen Theorien zählen der Behaviorismus und der Neobehaviorismus. Der **Behaviorismus** zielt auf die Analyse von beobachtbaren und messbaren Größen ab, d. h. es wird untersucht, mit welchen Verhaltensweisen (Response) Individuen auf bestimmte Reize (Stimuli)

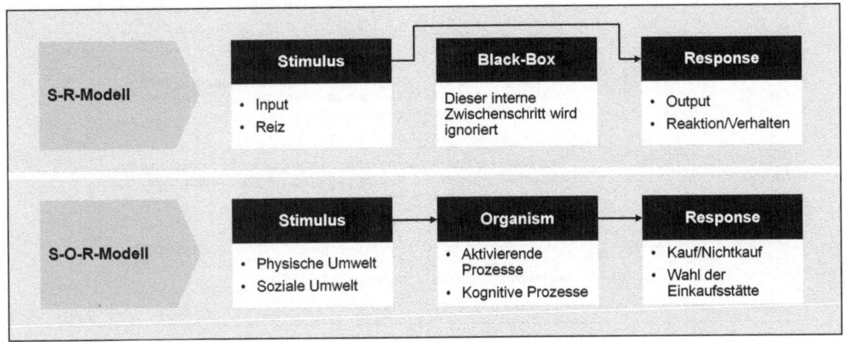

Abb. 4.2 Gegenüberstellung von S-R-Modell und S-O-R-Modell

reagieren. Die bei der Reizverarbeitung ablaufenden Prozesse innerhalb des Organismus werden als Black-Box betrachtet. Es interessieren nur die auf den Konsumenten wirkenden Stimuli (S) und seine Reaktionen (R). Dieses Paradigma wird deshalb auch als *Stimulus-Response-Modell* (**S-R-Modell**) bezeichnet (vgl. Foscht und Swoboda 2007, S. 23 ff.).

Der **Neobehaviorismus** dagegen bezieht die psychischen Vorgänge innerhalb des Organismus (engl. *Organism*) explizit mit in die Analyse ein. Diese intervenierenden Variablen bilden die nicht beobachtbaren psychischen Eigenschaften und Beziehungen im Organismus (O) in Form von hypothetischen Konstrukten ab. Zur Erklärung des menschlichen Verhaltens werden die drei Variablenklassen (Stimuli, Organism, Response) nach dem *Stimulus-Organism-Response-Modell* (**S-O-R-Modell**) verknüpft. Dabei spielen psychologische Aspekte zur Erklärung der intervenierenden Variablen (Motive, Einstellungen, Präferenzen, Emotionen etc.) eine besondere Rolle. Ausgangspunkt sind die Stimuli, die das Individuum aus seiner Umwelt empfängt. Diese Anreize werden vom Individuum durch aktivierende und kognitive Prozesse verarbeitet. Das Ergebnis dieser Prozesse sind beobachtbare Handlungen wie der Kauf oder Nichtkauf eines Produktes oder die Wahl einer bestimmten Einkaufsstätte. Die verhaltensorientierte, empirische Konsumentenforschung ist bis heute durch das neobehavioristische S-O-R-Paradigma geprägt (vgl. Kroeber-Riel et al. 2009, S. 17.).

In Abb. 4.2 sind S-R- und S-O-R-Modell gegenübergestellt.

Fazit

Alle oben aufgeführten formalen Theorieansätze stehen nicht in einem direkten Wettbewerb, sondern sind durch komplementäre Eigenschaften zueinander geprägt. Der *entscheidungsorientierte* Ansatz stellt normative Aussagen über

Theorieansatz	Erklärungsansatz der Theorie
Entscheidungsorientierter Ansatz	Ableitung normativer Aussagen über rationale Wahlhandlungen des Marketingmanagements zur optimalen Zielerreichung (z.B. im Hinblick auf den Einsatz der Marketing-Instrumente)
Systemtheoretischer Ansatz	Beschreibung und Erklärung umfassender Marketing-Systeme sowie einzelner Systemelemente (z.B. Einbezug der gesellschaftlichen oder ökologischen Komponenten)
Verhaltensorientierter Ansatz	Gewinnung von Erkenntnissen über Kaufentscheidungsprozesse von Konsumenten und Organisationen sowie der Wirkung von Marketing-Instrumenten auf diese Prozesse

Abb. 4.3 Erklärungsbeiträge „formaler" Theorieansätze für das Marketing

rationale Wahlhandlungen des Marketingmanagements in den Vordergrund. Beim *systemtheoretischen* Ansatz geht es um die Erfassung und Beschreibung komplexer Marketing-Systeme und die Erklärung spezifischer Verhaltensweisen einzelner Systemteilnehmer. Im Rahmen des *verhaltensorientierten* Ansatzes wird versucht, Erkenntnisse über Kaufentscheidungsprozesse und über die Wirkung von Marketing-Instrumenten auf diese Prozesse zu gewinnen (siehe Abb. 4.3) (vgl. Meffert 1998, S. 21 f.).

Ansätze der Neuen Institutionenökonomik

5

Im Gegensatz zur neoklassischen Theorie befasst sich die (**Neue**) **Institutionenökonomik** (engl. *Institutional economics*) mit der Unvollkommenheit realer Märkte und mit den Einrichtungen (Institutionen), die zur Bewältigung dieser Unvollkommenheit geeignet sind. Quasi als Theoriebündel versucht die (Neue) Institutionenökonomik mit ökonomischen Annahmen und Verhaltensmustern zu erklären, wie Institutionen zustande kommen und funktionieren. Zu den *Institutionen* im weitesten Sinne zählt man alle Arten von Regelsystemen, die sich Menschen ausdenken, um in ihre Interaktionen eine gewisse Ordnung zu bringen. Institutionen sind gewachsene oder bewusst geschaffene Einrichtungen, die quasi die Infrastruktur einer arbeitsteiligen Wirtschaft bilden. Märkte, Unternehmen, Haushalte, Dienst-/Werkverträge und Gesetze sind ebenso Institutionen wie Handelsbräuche, Kaufgewohnheiten, Geschäftsbeziehungen oder Netzwerke (vgl. Kaas 1992, S. 3).

Vereinfachend werden folgende Teildisziplinen zur Institutionenökonomik gezählt (siehe ausführlich Göbel 2002):

- Theorie der Verfügungsrechte
- Principal-Agent-Theorie
- Transaktionskostentheorie
- Informationsökonomik.

5.1 Theorie der Verfügungsrechte

Die Theorie der Verfügungsrechte (engl. *Property-Rights-Theory*) setzt sich mit der Regelung von *Handlungs- und Verfügungsrechten* über Ressourcen auseinander. Als Verfügungsrecht gilt jede Art von Berechtigung, über Ressourcen zu verfügen. Die elementarste Form des Verfügungsrechts ist das Eigentum. Die Theorie

D. Lippold, *Theoretische Ansätze der Marketingwissenschaft,* essentials,
DOI 10.1007/978-3-658-09897-1_5

besagt, dass nicht die physischen Eigenschaften eines Gutes, sondern die bestehenden Rechte an diesem Gut und seiner Nutzung für dessen Wert und Austauschrelation maßgeblich sind. Somit beschäftigt sich dieser Ansatz, der gegenüber dem Kauf (mit dem Übergang des Eigentumsrechts) deutlich differenzierter ist, mit der Übertragung von Rechten, ein Gut zu benutzen, dessen Form zu verändern, sich den Ertrag aus der Nutzung zu sichern und die genannten Rechte zu veräußern (vgl. Gümbel und Woratschek 1995, S. 1010 f.).

Der Verfügungsrechtsansatz geht von der Hypothese aus, dass die Verteilung der Verfügungsrechte das Verhalten der Akteure in systematischer und voraussehbarer Weise beeinflusst. Jede Veränderung der Verfügungsrechte führt somit zu Anpassungsentscheidungen der betroffenen Akteure. Die Handlungs- und Verfügungsrechte zwischen Verkäufer und Käufer werden durch Verträge geregelt. Ihre Gestaltung ist eine zentrale Aufgabe der Angebots- und Vertragsgestaltung.

Aus zahlreichen Beispielen besonders auf B2B-Märkten (z. B. Softwareerstellung, Übertragung von TV-Rechten, Kauf oder Leasing von Maschinen und Anlagen, Durchführung von Großprojekten) wird deutlich, dass die Ausgestaltung von Verfügungsrechten oftmals zu den Kernaufgaben des Marketingmanagements gehört. Aber auch in einigen B2C-Märkten (Immobiliengeschäft, Autokauf und -vermietung) ist die Relevanz der Verfügungsrechte offenkundig (vgl. Kuß 2013, S. 224 unter Bezugnahme auf Kleinaltenkamp und Jacob 2002).

5.2 Prinzipal-Agent-Theorie

Die Prinzipal-Agent-Theorie (engl. *Principal-Agent-Theory*) wurde zuerst in einem Aufsatz von Jensen und Meckling im Jahre (1976) erörtert. Sie befasst sich mit Interessenkonflikten, die sich aus einem Vertragsverhältnis zwischen einem Auftraggeber (Prinzipal) und einem Auftragnehmer (Agent) ergeben können. Typische Beispiele sind die Vertragsverhältnisse von Eigentümer und Manager, von Arbeitgeber und Arbeitnehmer oder von Käufer und Verkäufer. Eine Prinzipal-Agent-Beziehung ist gekennzeichnet durch *asymmetrisch verteilte Informationen* und *opportunistisches Verhalten*, d. h. es besteht das Risiko, dass der Agent nicht ausschließlich im Sinne des vereinbarten Auftrags und damit zum Nutzen des Prinzipals handelt, sondern auch eigene Interessen verfolgt. In einer solchen Situation steht der Prinzipal vor der Herausforderung, durch eine entsprechende Vertragsgestaltung im Hinblick auf Risikoverteilung und im Hinblick auf die Gestaltung von geeigneten Anreiz- und Kontrollsystemen sicherzustellen, dass der Agent die vereinbarte Leistung erbringt.

Von besonderer Bedeutung für eine solche Vertragsgestaltung ist das Konzept der **Informationsasymmetrie**, bei dem vier unterschiedliche Konstellationen unterschieden werden können (vgl. Stock-Homburg 2013, S. 479):

- Verdeckte Eigenschaften (engl. *Hidden characteristics*), d. h. dem Prinzipal sind wichtige Eigenschaften des Agenten bei Vertragsabschluss unbekannt;
- Verdeckte Handlungen (engl. *Hidden action*), d. h. der Prinzipal kann die Leistungen des Agenten während der Vertragserfüllung nicht beobachten bzw. die Beobachtung ist mit hohen Kosten verbunden;
- Verdeckte Informationen (engl. *Hidden information*), d. h. der Prinzipal kann die Handlungen des Agenten zwar problemlos beobachten, aufgrund fehlender Kenntnisse oder Informationen jedoch nicht hinreichend beurteilen;
- Verdeckte Absichten (engl. *Hidden intention*), d. h. dem Prinzipal sind Absichten und Motive des Agenten in Verbindung mit der Vertragserfüllung verborgen.

Bei den Konstellationen *Hidden action* und *Hidden information* besteht das Problem des subjektiven Risikos (engl. *Moral hazard*). Das Problem gründet sich darin, dass der Prinzipal auch nach Vertragserfüllung nicht beurteilen kann, ob das Ergebnis durch qualifizierte Anstrengungen des Agenten erreicht wurde, oder ob (bzw. wie sehr) andere Faktoren das Ergebnis beeinflusst haben.

Um die Vertragsprobleme zwischen den Akteuren – also bspw. zwischen Hersteller und Zulieferer, zwischen Hersteller und Händler, zwischen Hersteller und Handelsvertreter oder zwischen Hersteller und Hersteller – grundsätzlich zu lösen, bieten sich drei Möglichkeiten an (vgl. Göbel 2002, S. 110):

- Reduktion der Informationsasymmetrie
- Auflösung von Zielkonflikten
- Aufbau vertrauensbildender Maßnahmen.

Abbildung 5.1 zeigt beispielhaft, welche Maßnahmen zur Lösung von Agency-Problemen in der vor- und der nachvertraglichen Phase zur Verfügung stehen.

	Informationsasymmetrie senken		Ziele harmonisieren		Vertrauen bilden	
	Prinzipal	Agent	Prinzipal	Agent	Prinzipal	Agent
Vorvertragliche Phase	Screening = Informationsgewinnung, die von der weniger informierten Seite ausgeht	Signaling = Informationsangebot, das von der (besser) informierten Seite ausgeht	Verträge zur Auswahl vorlegen	Self-Selection Reputation	Screening in Bezug auf Vertrauenswürdigkeit	Reputation signalisieren
Nachvertragliche Phase	Monitoring	Reporting	Anreizverträge gestalten	Commitment Reputation	Vertrauensvorschuss, Extrapolation guter Erfahrungen	Sozialkapital aufbauen

Abb. 5.1 Lösung von Agency-Problemen. (Quelle: Göble 2002, S. 110)

5.3 Transaktionskostentheorie

Der Transaktionskostenansatz (engl. *Transaction-Cost-Theory*), der auf Ronald H. Coase (1937) zurückgeht und von Oliver E. Williamson in den 1970er Jahren weiterentwickelt wurde, befasst sich mit der Bewertung und Koordination dauerhafter Austauschbeziehungen („Transaktionen“). Als Transaktionskosten werden jene Kosten bezeichnet, die im Vorfeld und/oder im Verlauf einer Austauschbeziehung entstehen. Transaktionskosten können in *externe* Kosten (Kosten der Marktinanspruchnahme) und in *interne* Kosten (Kosten der Organisationsnutzung) unterteilt werden. Überwiegen für die Transaktionen zwischen Wirtschaftssubjekten die externen Transaktionskosten, so entstehen Unternehmen. Insofern versucht man mit dem Transaktionskostenansatz auch die Existenz von Unternehmen und Märkten zu erklären. Die Entscheidung eines Unternehmens für oder gegen den Einsatz eines externen Beraters oder die Privatisierung von bislang öffentlich erbrachten Leistungen sind typische *Make-or-Buy*-Entscheidungen (vgl. Gümbel und Woratschek 1995, S. 1013 f.).

Die Aussagen über die Höhe der Transaktionskosten basieren dabei auf zwei zentrale Verhaltensmaßnahmen. Die erste Verhaltensannahme besagt, dass die Transaktionspartner *beschränkt rational* agieren. Die zweite Annahme geht von einem opportunistischen Verhalten der Transaktionspartner aus, d. h. die Partner verfolgen ihre Interessen auch unter Missachtung sozialer Normen (vgl. Williamson 1975, S. 20 ff. und 1985, S. 47 ff.).

In Abhängigkeit von der Vertragsphase einer Geschäftstransaktion kann zwischen folgenden **Arten von Transaktionskosten** unterschieden werden (vgl. Jeschke 2004, S. 143 unter Bezugnahme auf Williamson 1990, S. 59 ff.):

- **Anbahnungskosten** sind sämtliche Kosten, die mit der Suche und Gewinnung attraktiver Kunden verbunden sind.
- **Vereinbarungskosten** treten für beide Vertragsparteien in der Vertragsabschlussphase auf und resultieren aus der Notwendigkeit, Verträge aushandeln zu müssen.
- **Abwicklungskosten** fallen in Verbindung mit der Umsetzung von Verträgen bzw. von Verhandlungsergebnissen an.
- **Kontrollkosten** fallen ebenfalls für beide Vertragspartner an und entstehen durch die Überprüfung der Einhaltung von Verträgen und vereinbarter Bedingungen innerhalb der Durchführungsphase einer Transaktion.
- **Anpassungskosten** schließlich können für beide Partner während der Durchführungsphase anfallen, weil Verträge ex-ante nicht alle vertragsrechtlichen Risiken berücksichtigen können. Kosten für *Change Requests* sind demnach typische Anpassungskosten.

Die **Make-or-buy-Entscheidung** ist die eigentliche Domäne des Transaktionskostenansatzes. Der Ansatz empfiehlt, diese Entscheidung durch einen Vergleich der Produktions- und Transaktionskosten abzusichern. Beim Kauf fallen die Transaktionskosten in Form der Marktbenutzungskosten an, beim Selbstmachen in Form von Hierarchie- oder Bürokratiekosten. Weiterhin nimmt der Theorieansatz an, dass die Transaktionskosten mit zunehmender **Spezifität** ansteigen, da *spezifische* Güter und Dienstleistungen in gewisser Weise einmalig und nicht ohne weiteres austauschbar sind, wie etwa die Sonderanfertigung einer Maschine. Solange es um austauschbare Güter und Dienstleistungen geht, für die es viele Anbieter gibt, überwacht der Markt die Agenten ausreichend. Die Prinzipale können durch einen Vergleich der Agenten die Informationsasymmetrie senken, der Agent hat starke Anreize sich zufriedenstellend zu verhalten, weil er sonst ausgetauscht werden kann. Dann sollte man die Leistungen kaufen. Bei spezifischen Leistungen gestaltet sich die Suche am Markt deutlich aufwendiger, die Verhandlungen sind komplizierter, weil möglicherweise kein Marktpreis vorliegt. Hier befürchtet Williamson ein nachvertragliches „Hold up“, also einen Erpressungsversuch des Agenten. Ist der Abnehmer auf diesen einen Lieferanten angewiesen („Lock-in“-Effekt), könnte dieser in Nachverhandlungen versuchen, die Vertragskonditionen zu seinen Gunsten zu ändern. Unter diesen Umständen sollte die Leistung besser selbst erbracht werden (vgl. Göbel 2002, S. 14 f. unter Bezugnahme auf Williamson 1990, S. 60 ff.).

5.4 Informationsökonomik

Die Informationsökonomik durchdringt den Property-Rights- und den Transaktionskostenansatz, in dem sie sich mit der Frage befasst, wie Märkte funktionieren, die durch Unsicherheit und asymmetrische Informationen unter den Marktteilnehmern charakterisiert sind. So befasst sich die Informationsökonomik vor allem mit den Voraussetzungen und Konsequenzen der Marktunsicherheit. Diese ist dadurch gekennzeichnet, dass die Anbieter nur unvollkommene Informationen über die Zukunftserwartungen, Bedürfnisse und Restriktionen der Nachfrager haben und dass diese wiederum nicht alle Produkte, Qualitäten und Preise der Anbieter kennen (vgl. Kaas 1995, S. 972).

Im Marketingbereich hat die Informationsökonomik unter den institutionenökonomischen Ansätzen deshalb das größte Gewicht, weil es hier um die Möglichkeiten der Qualitätseinschätzung vor dem Kauf eines Produktes geht. In diesem Zusammenhang führt eine Unterscheidung der verschiedenen Produktarten weiter, deren Kauf als

- Suchkäufe (z. B. Schuhe, Lebensmittel, Fernseher),
- Erfahrungskäufe (z. B. Friseurbesuch, Abenteuerurlaub, Restaurantbesuch) und als
- Vertrauenskäufe (z. B. Arztbesuch, Rechtsberatung, Medikamente)

wahrgenommen wird. *Suchgüter* bieten die Möglichkeit, die Qualität vor dem Kauf zu überprüfen. *Erfahrungsgüter* sind dadurch gekennzeichnet, dass ihre Qualität vor dem Kauf nur schwer zu beurteilen ist, sondern eher durch Erfahrung, die man bei der Verwendung des Produkts macht. Bei *Vertrauensgütern*, bei denen man die Qualität des Produkts weder vor noch nach dem Kauf abschließend beurteilen kann, spielen leistungsübergreifende Informationen wie die Reputation des Anbieters, Referenzen oder der Markenname eine wesentliche Rolle (vgl. Kuß 2013, S. 226 ff.).

Die Rahmenbedingungen der Informationsökonomik sind aber auch und ganz besonders in B2B-Märkten relevant. Informationsunsicherheit bzw. Informationsasymmetrie kommt aus Sicht der anbietenden Unternehmen dadurch zum Ausdruck, dass ihnen nur unvollkommene Informationen über aktuelle und zukünftige Bedarfe, Technologien etc. sowie über die Entscheidungsstrukturen innerhalb der Kundenunternehmen vorliegen. Aus Sicht der nachfragenden Kundenunternehmen sind die Informations- und Unsicherheitsprobleme Ausdruck unvollständiger Informationen über die Qualität und Leistungsfähigkeit der Anbieter von erklärungsbedürftigen Produkten und Leistungen bzw. von Kontraktgütern (vgl. Jeschke 2004, S. 139).

	Theorie der Verfügungsrechte	Prinzipal-Agent-Theorie	Transaktionskostentheorie	Informationsökonomik
Untersuchungsgegenstand	Gestaltung expliziter und impliziter Verträge	Gestaltung von Verträgen zwischen Auftraggebern und Auftragnehmern	Kosten, die bei einer Übertragung von Verfügungsrechten entstehen	Betrachtung der bestehenden Informationsdefizite und -asymmetrien
Verhaltensannahme(n)	Individuelle Nutzenmaximierung	Moral Hazard, beschränkte Rationalität	Opportunismus, beschränkte Rationalität	Opportunismus, beschränkte Rationalität, Informationsaktivitäten
Gestaltungsvariable(n)	Handlungs- und Verfügungsrechtsstrukturen	Verträge	Koordinationsmechanismen	Informationsmechanismen, Signale
Effizienzkriterium	Summe aus Transaktionskosten und Wohlstandsverlusten aufgrund externer Effekte	Agency-Kosten	Transaktionskosten	Suchkosten, Signalingkosten

Abb. 5.2 Gegenüberstellung der institutionenökonomischen Ansätze. (In Anlehunung an Stock 2003, S. 75)

Fazit

Die Annahmen der neuen Institutionenökonomik sind im Gegensatz zu denen der neoklassischen mikroökonomischen Theorie deutlich realitätsnäher. Es wird kein bestimmter Verhaltensautomatismus unterstellt, sondern die Ansätze der neuen Institutionenökonomik unterstellen unterschiedliche Informationsstände bei den Marktteilnehmern ebenso wie eigennütziges individuelles Verhalten vor dem Hintergrund einer beschränkten Informationsverarbeitungskapazität. So kommt Klaus Peter Klaas zu dem Ergebnis, dass die Stärke des neoinstitutionellen Paradigmas darin liegt, „dass es die Analyse von Informationsasymmetrien, ihrer Voraussetzungen und Folgen für die Erklärung von Marktstrukturen und -prozessen in den Mittelpunkt stellt, von Phänomenen, die für das Marketing von großer Bedeutung sind." (Kaas 2000, S. 63). Dennoch stellen diese Ansätze lediglich „*Theorien mittlerer Reichweite*" (Franke 2002, S. 196) dar. Es handelt sich also keinesfalls um einen generellen Theorie-Ansatz, der die allgemein gültigen und zentralen Elemente und ihre Zusammenhänge des Marketings umfassend darstellt und erklärt (vgl. Kuß 2013, S. 230).

In Abb. 5.2 sind die oben beschriebenen ökonomischen Theorieansätze gegenübergestellt.

Weitere Perspektiven des Marketings 6

Nach Homburg und Krohmer (2009, S. 11) sind es insgesamt sieben Perspektiven, die die unterschiedlichen Sichten auf das Marketing beschreiben und als **inhaltliche Teilgebiete** entsprechend zusammenfassen. Diese sieben Perspektiven sollen hier als „klassische Perspektiven des Marketings" bezeichnet werden.

6.1 Klassische Marketing-Perspektiven

Theoretische Perspektive Die theoretische Perspektive ist in den Kapiteln 2 bis 5 ausführlich behandelt worden. Sie bildet die Grundlage, um Marketingmodelle, Marketinginstrumente, Marketingaktivitäten und Marketingentscheidungen in ihren Wirkungszusammenhängen zu verstehen. Außerdem ist sie die Basis für alle anderen Perspektiven. Die Unterteilung der Theoriedarstellung folgt weitgehend dem chronologischen Entstehen der einzelnen Theorieansätze, d. h. auf die mehr als 200 Jahre alten theoretischen Erkenntnissen der Mikroökonomik folgen die materiellen und dann die formalen Ansätze der Absatz- bzw. Marketinglehre. Den Abschluss bilden die theoretischen Ansätze der neuen Institutionenökonomik. Erkenntnisgegenstände der Theorien sind u. a.:

- Findung/Bildung des optimalen (Gleichgewichts-)Preises
- Verhalten von Anbietern, Wettbewerbern und Nachfragern
- Untersuchung und Systematisierung der Tätigkeiten und Leistungen der im Absatzbereich tätigen Organe unter Berücksichtigung der stofflichen und ökonomischen Wareneigenarten
- Absatzwirtschaftlichen Entscheidungstatbestände und der Ablauf des Entscheidungsprozesses

D. Lippold, *Theoretische Ansätze der Marketingwissenschaft,* essentials,
DOI 10.1007/978-3-658-09897-1_6

- Gestaltung von Verträgen und Kosten, die bei der Übertragung von Verfügungsrechten entstehen
- Betrachtung bestehender Informationsdefizite und –asymmetrien

Informationsbezogene Perspektive Die informationsbezogene Perspektive befasst sich mit der Gewinnung und Bereitstellung von Informationen, die für zielführende Marketingentscheidungen notwendig sind. Es handelt sich im Wesentlichen um das Aufgabengebiet der Marktforschung mit seinen Teilbereichen

- Grundlagen und Prozess der Marktforschung,
- Datenquellen (Primär-/Sekundärdaten),
- Erhebungsmethoden (Beobachtung, Befragung, Experiment, Panel),
- Auswahlverfahren (Bewusste Auswahl, Zufallsauswahl etc.) und
- Analysemethoden (Univariate, bivariate, multivariate Verfahren).

Strategische Perspektive Die strategische Perspektive des Marketings ist auf die grundsätzliche und langfristige Orientierung der Marktbearbeitung des Unternehmens ausgerichtet. Dabei geht es vornehmlich um **Grundsatzentscheidungen** über Marktauswahl, -bearbeitung und -verhalten. Strategien legen den notwendigen Handlungsrahmen fest, so dass alle operativen Instrumente konsequent und stimmig eingesetzt werden können. Im Mittelpunkt steht dabei die strategische Marketingplanung mit folgenden Phasen:

- Analyse (Wo stehen wir?), d. h. die Analyse der strategischen Ausgangssituation
- Ziele (Wo wollen wir hin?), d. h. die Bildung von Sach- und Formalzielen
- Strategie (Wie kommen wir dahin?), d. h. die Formulierung, Bewertung und Auswahl von Marketingstrategien.

Instrumentelle Perspektive Zur Umsetzung der Marketingstrategie dient der Einsatz der Marketinginstrumente, deren Gesamtheit auch als **Marketing-Mix** bezeichnet wird. Mit dem Marketing-Mix als aufeinander abgestimmtes *marketingpolitisches Instrumentarium* war ein erster großer zur Entwicklung des Marketings im heutigen Sinne getan. Vorläufer des Marketing-Mix-Konzeptes ist das *absatzpolitische Instrumentarium,* das sich in Gutenbergs „Grundlagen der Betriebswirtschaftslehre, Band. 2: Der Absatz" aus den Instrumenten Produktpolitik, Preispolitik, Distribution und Werbung zusammensetzt. Heute liegt die instrumentelle Perspektive, die in der amerikanischen Literatur (McCarthy 1981) die besonders einprägsame Bezeichnung „4 Ps" (Product, Price, Promotion, Place) trägt, den meisten Lehrbüchern als Systematisierungsansatz zu Grunde. Die vier Komponenten des Marketing-Mix sind

- Produktpolitik,
- Preispolitik,
- Kommunikationspolitik und
- Distributionspolitik.

Institutionelle Perspektive Die institutionelle Perspektive befasst sich mit den **branchenspezifischen Besonderheiten** des Marketings. Die wichtigsten institutionellen Unterscheidungen hinsichtlich der Ausgestaltung der Marketingaktivitäten bieten das Marketing von

- Konsumgütern,
- Dienstleistungen,
- Industriegütern und
- Handelsunterunternehmen.

Fasst man diese institutionellen Marketingausprägung nach der Art des Kunden (Endverbraucher einerseits, Unternehmen/Organisationen andererseits) weiter zusammen, so erhält man die Unterteilung in

- Business-to-Consumer-Marketing (B2C-Marketing) und
- Business-to-Business-Marketing (B2B-Marketing).

Organisationsbezogene Perspektive Die implementationsbezogene Perspektive widmet sich denjenigen Unternehmensbereichen und Personen, die Marketingaufgaben wahrnehmen. Hierzu zählen Fragen zur Ausgestaltung folgender Bereiche:

- Marketing- und Vertriebsorganisation,
- Marketing- und Vertriebscontrolling,
- Personalmanagement in Marketing und Vertrieb und
- Informationssysteme in Marketing und Vertrieb.
- Aber auch Aufgaben und Kompetenzen so wichtiger Marketingmanagement-Funktionen und -Rollen wie Product Management
- Category Management
- Key Account Management

müssen in der organisationsbezogenen Perspektive behandelt und abgegrenzt werden.

Abb. 6.1 Perspektiven des Marketings

Führungsbezogene Perspektive Im Mittelpunkt der führungsbezogenen Perspektive, die ebenso wie die organisationsbezogene Perspektive unternehmensintern ausgerichtet ist, steht die kundenorientierte Führung des gesamten Unternehmens. Hierzu zählen in erster Linie die drei Themenbereiche:

- Kundenorientierte Unternehmenskultur
- Kundenbezogene Führungssysteme
- Veränderungsmanagement.

Den hier kurz aufgeführten sieben Perspektiven des Marketings soll noch eine weitere, **achte Perspektive** hinzugefügt werden (siehe Abb. 6.1): **die prozessbezogene Perspektive**.

6.2 Prozessbezogene Perspektive

Die prozessbezogene Perspektive beschreibt im Rahmen der Wertschöpfungskette des Unternehmens die Aktivitäten des Aktionsbereichs „Marketing/Vertrieb" als Kernprozess mit seinen Aktionsfeldern (Prozessphasen) Segmentierung, Positionierung, Kommunikation, Distribution, Akquisition und Betreuung. Die prozessbezogene Perspektive soll in erster Linie die instrumentelle Perspektive ergänzen und damit die statische Sichtweise der Marketinginstrumente durch die dynamische Sicht der Marketing-Gleichung ergänzen.

Zentrale Idee des Marketings ist es, die Vorteile des eigenen Unternehmens auf die Bedürfnisse vorhandener und potenzieller Kunden auszurichten. Die Bestimmungsfaktoren dieser Vorteile sind das Produkt- und Leistungsportfolio, die besonderen Fähigkeiten, das Know-how und die Innovationskraft, kurzum, die **Differenzierungsvorteile** und damit das Akquisitionspotenzial des Unternehmens. Bereits Wroe Alderson, einer der herausragenden Marketing-Theoretiker des 20. Jahrhunderts, nimmt in seinem umfassenden Entwurf zu einer generellen Marketing-Theorie die zentrale Idee der erst Jahrzehnte später voll entfachten Diskussion um die Erzielung von Wettbewerbsvorteilen vorweg: „*Der Ansatz der Differenzierungsvorteile, ..., geht davon aus, dass niemand in einen Markt eintritt, wenn er nicht die Erwartung hat, einen gewissen Vorteil für seine Kunden bieten zu können und dass Wettbewerb in dem dauernden Bemühen um die Entwicklung, Erhaltung und Vergrößerung solcher Vorteile besteht.*“ (Alderson 1957, S. 106 zit. nach Kuss 2013, S. 233).

Der Differenzierungsvorteil ist der Vorteil, den das Unternehmen gegenüber den Wettbewerbern hat. Dieser **Wettbewerbsvorteil** (an sich) ist aber letztlich ohne Bedeutung. Entscheidend ist vielmehr, dass der Wettbewerbsvorteil auch von den Kunden wahrgenommen wird. Erst die Akzeptanz im Markt sichert den nachhaltigen Gewinn. Genau diese Lücke zwischen dem Wettbewerbsvorteil *an sich* und dem vom Markt *honorierten* Wettbewerbsvorteil gilt es zu schließen. Damit sind gleichzeitig auch die beiden Pole aufgezeigt, zwischen denen die Marketing-Wertschöpfungskette einzuordnen ist. Eine Optimierung des Marketingprozesses führt somit zwangsläufig zur Schließung der Lücke (vgl. Lippold 2010, S. 3 f.).

Voraussetzung für die angestrebte Optimierung ist, dass der Marketingprozess in seine Aktionsfelder *Segmentierung, Positionierung, Kommunikation, Distribution, Akquisition* und *Betreuung* zerlegt wird und diese jeweils einem zu optimierendem **Kundenkriterium** („*Variable*“) zugeordnet werden:

- *Segmentierung* zur Optimierung des *Kundennutzens*
- *Positionierung* zur Optimierung des *Kundenvorteils*
- *Kommunikation* zur Optimierung der *Kundenwahrnehmung*
- *Distribution* zur Optimierung der *Kundennähe*
- *Akquisition* zur Optimierung der *Kundenakzeptanz*
- *Betreuung* zur Optimierung der *Kundenzufriedenheit*

Entsprechend lässt sich folgende Gleichung im Sinne einer Identitätsbeziehung ableiten:

Honorierter Wettbewerbsvorteil = fachlicher Wettbewerbsvorteil + Kundennutzen + Kundenvorteil + Kundenwahrnehmung + Kundennähe + Kundenakzeptanz + Kundenzufriedenheit

Dabei geht es nicht um eine mathematisch-deterministische Auslegung des Begriffs „Gleichung“. Angestrebt wird vielmehr der Gedanke eines herzustellenden *Gleichgewichts* (und *Identität*) zwischen dem Wettbewerbsvorteil *an sich* und dem vom Kunden *honorierten* Wettbewerbsvorteil.

Mit anderen Worten, hinter dieser Begriffsbildung steht die These, dass das Gleichgewicht durch die Addition der einzelnen, an Kundenkriterien ausgerichteten Aktionsfelder erreicht werden kann. Zur Veranschaulichung dieser Gleichgewichtsbeziehung dient die in Abb. 6.2 vorgenommene Darstellung in Form einer Waage.

Abbildung 6.3 veranschaulicht den ganzheitlichen Ansatz der Marketing-Gleichung, indem sie die einzelnen Aktionsfelder in einen zeitlichen und inhaltlichen Wirkungszusammenhang stellt. In dieser Abbildung wird auch deutlich, dass die einzelnen Aktionsfelder zugleich die Hauptprozessphasen der Vermarktung darstellen.

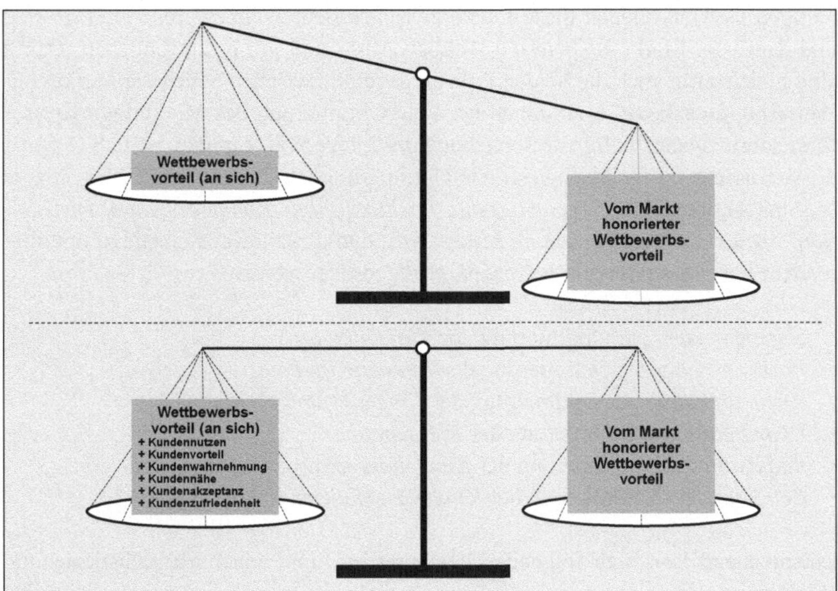

Abb. 6.2 Die Marketing-„Waage“

Abb. 6.3 Die Marketing-Gleichung im Überblick

Fazit

Das Konzept der Marketing-Gleichung, deren Ausgangspunkt der Differenzierungs- bzw. Wettbewerbsvorteil (im Sinne von Alderson) ist, bietet nicht nur einen Bezugsrahmen für alle Aktivitäten im Primärprozess „Marketing/Vertrieb", sondern macht darüber hinaus die wesentlichen Aktionsparameter und Werttreiber im Marketing sichtbar. Als dynamisches Prozessmodell für Marketing-Strategie, Marketing-Services und Vertrieb bietet es eine ideale Ergänzung zur statischen, instrumentellen Perspektive, weil es Strategie und Maßnahmen-Mix zusammenführt und B2C- und B2B-Marketing leichter voneinander abzugrenzen lässt.

Literatur

Alderson W (1957) Marketing behavior and executive action. Homewood (Ill.)

Backhaus K, Voeth M (2010) Industriegütermarketing, 9. Aufl. Vahlen, München

Coase RH (1937) The nature of the firm. Economica 4(16):386–405

Foscht T, Swoboda B (2007) Käuferverhalten. Grundlagen – Perspektiven – Anwendungen, 3. Aufl. Springer Gabler, Wiesbaden

Franke N (2002) Realtheorie des Marketing. Mohr Siebeck, Tübingen

Göbel E (2002) Neue Institutionenökonomik. Konzeption und betriebswirtschaftliche Anwendung. UTB, Stuttgart

Gümbel R, Woratschek H (1995) Institutionenökonomik. In: Tietz B, Köhler R, Zentes J (Hrsg) Handwörterbuch des Marketing, 2. Aufl. Schäffer-Poeschel, Stuttgart, S 1008–1020

Hansen U (1990) Beschaffungs- und Absatzmarketing des Einzelhandels, 2. Aufl. UTB, Göttingen

Heinen E (1970) Einführung in die Betriebswirtschaftslehre, 3. Aufl. Gabler, Wiesbaden

Homburg C, Krohmer H (2009) Marketingmanagement. Strategie – Umsetzung – Unternehmensführung, 3. Aufl. Springer Gabler, Wiesbaden

Jensen M, Meckling W (1976) Theory of the firm: managerial behavior, agency costs and ownership structure. J Financial Econ 3(4):305–360

Kaas KP (1992) Marketing und Neue Institutionenlehre; Arbeitspapier Nr. 1 aus dem Forschungsprojekt ‚Marketing und ökonomische Theorie'. Frankfurt a. M.

Kaas KP (1995) Informationsökonomik. In: Tietz B, Köhler R, Zentes J (Hrsg) Handwörterbuch des Marketing, 2. Aufl. Schäffer-Poeschel, Stuttgart, S 971–981

Kaas KP (2000) Alternative Konzepte der Theorieverankerung. In: Backhaus K (Hrsg) Deutschsprachige Marketingforschung. Stuttgart, S 55–78

Kleinaltenkamp M, Jacob F (2002) German approaches to business-to-business marketing theory – origins and structure. J Bus Res 55:149–155

Knoblich H (1977) Die Typologie als Methode der Marktforschung. Marktforscher 21(3):63–66

Kroeber-Riel W, Weinberg P, Gröppel-Klein A (2009) Konsumentenverhalten, 9. Aufl. Vahlen, München

Kuß A (2013) Marketing-Theorie. Eine Einführung, 3. Aufl. Springer Gabler, Wiesbaden

Leitherer E (1964) Absatzlehre. Poeschel, Stuttgart

D. Lippold, *Theoretische Ansätze der Marketingwissenschaft,* essentials,
DOI 10.1007/978-3-658-09897-1

Leitherer E (1966) Methodische Positionen der betrieblichen Marktlehre. Betriebswirtschaftliche Forschung und Praxis 18:552–570

Lippold D (2010) Die Marketing-Gleichung für Unternehmensberatungen. In: Niedereichholz et al (Hrsg) Handbuch der Unternehmensberatung Bd 2. ESV, Berlin, S 7440

Lippold D (2015) Die Marketing-Gleichung. Einführung in das prozess- und wertorientierte Marketingmanagement, 2. Aufl. De Gruyter, Berlin, Boston

Maclaran P, Saren M, Tadajewski M (2008) Editors' introduction: marketing theory. In: Maclaran P, Saren M, Tadajewski M (Hrsg) Marketing Theory – Volume I: The Development of Marketing Theory and its Philosophical Underpinnings. Los Angeles, S XVII–XXXVII

Marré H (1960) Funktionen und Leistungen des Handelsbetriebes. Köln-Opladen

McCarthy EJ (1981) Basic marketing: a managerial approach, 9. Aufl. Homewood (Ill.)

Meffert H (1998) Marketing. Grundlagen marktorientierter Unternehmensführung. Konzepte – Instrumente – Praxisbeispiele, 8. Aufl. Gabler, Wiesbaden

Meffert H, Burmann C, Kirchgeorg M (2008) Marketing. Grundlagen marktorientierter Unternehmensführung. Konzepte – Instrumente – Praxisbeispiele, 10. Aufl. Springer Gabler, Wiesbaden

Meissner HG (1995) Geschichte des Marketing. In: Tietz B, Köhler R, Zentes J (Hrsg) Handwörterbuch des Marketing, 2. Aufl. Schäffer-Poeschel, Stuttgart, S 785–797

Nieschlag R (1972) Binnenhandel und Binnenhandelspolitik, 2. Aufl. Duncker & Humblot. Berlin

Nieschlag R, Dichtl E, Hörschgen H (1972) Marketing. Ein entscheidungsorientierter Ansatz. Duncker & Humblot, Berlin

Oberparleitner K (1918) Die Funktionen des Handels. Wien

Raffée H (1995) Marketing-Wissenschaft. In: Tietz B, Köhler R, Zentes J (Hrsg) Handwörterbuch des Marketing, 2. Aufl. Schäffer-Poeschel, Stuttgart, S 785–797

Schäfer E (1950) Die Aufgabe der Absatzwirtschaft. Köln

Schanz G (1992) Wissenschaftsprogramme der Betriebswirtschaftslehre. In: Bea FX, Dichtl E, Schweitzer M (Hrsg) Allgemeine Betriebswirtschaftslehre, Bd 1, 6. Aufl. Grundlagen, Stuttgart, S 57–139

Seyffert R (1955) Die Wirtschaftslehre des Handels, 2. Aufl. Köln-Opladen

Stock-Homburg R (2013) Personalmanagement: Theorien – Konzepte – Instrumente, 3. Aufl. Springer Gabler, Wiesbaden

Taschner A (2015) Management Reporting und Behavioral Accounting. Verhaltenswirkungen des Berichtswesens im Unternehmen. Springer Gabler, Wiesbaden

Tietz B (1993) Der Handelsbetrieb, 2. Aufl. Vahlen, München

Ulrich H (1968) Die Unternehmung als produktives soziales System. Bern

Williamson OE (1975) Markets and hierarchies. Analysis and antitrust implications. New York

Williamson OE (1990) Die ökonomischen Institutionen des Kapitalismus. Tübingen

Wirtz BW (2008) Multi-Channel-Marketing: Grundlagen – Instrumente – Prozesse, Springer Gabler, Wiesbaden

Sachverzeichnis

A
Akquisitionspotenzial, 37
Anlagengeschäft, 17

B
B2B-Marketing, 17, 35, 39
Behaviorismus, 22
Beschaffungsverhalten, organisationales, 22
Betriebsformendynamik, 14

C
Commodity approach, 15

E
Elastizitätsfaktor, 6
entscheidungsorientierter Theorieansatz, 20
Erfahrungsgüter, 30
Erfahrungskäufe, 30

F
Funktion
  des qualitativen Ausgleichs, 15
  des quantitativen Ausgleichs, 15
  des räumlichen Ausgleichs, 15
  des zeitlichen Ausgleichs, 15
funktionenorientierter Theorieansatz, 14

G
Geschäftstypenklassifikation, 17

H
Handelsfunktionen, 14
Heterogenität der Produkte, 11
Hidden action, 27
Hidden characteristics, 27
Hidden information, 27
Hidden intention, 27

I
Informationsasymmetrie, 27
Informationsökonomik, 25, 30
institutional economics, 25
institutionenorientierter Theorieansatz, 13

K
Konsumentenforschung, 22
Konsumentenverhalten, 8, 22
Kundenkriterium, 37

D. Lippold, *Theoretische Ansätze der Marketingwissenschaft,* essentials,
DOI 10.1007/978-3-658-09897-1

M
Make-or-buy-Entscheidung, 29
Marketing-Theorie, 2
Mengenanpasser, 10
monopolistischer Bereich, 11
Moral hazard, 27
Multi-Channel-Distributionssystem, 21

N
Nachfrage
  elastische, 6
  unelastische, 6
Neobehaviorismus, 23

O
organisationales Beschaffungsverhalten, 22

P
Präferenzen, 8, 9, 10, 11, 23
Preis-Absatz-Funktion, 5
  doppelt-geknickte, 11
Preisanpasser, 10
Preiselastizität, 6
Preissensibilität, 6
Principal-Agent-Theorie, 25, 26
Produktgeschäft, 17
Property-Rights-Theory, 25

S
Spezifität, 29
Stimulus-Organism-Response-Modell, 23
Stimulus-Response-Modell, 23
Suchgüter, 30
Suchkäufe, 30
Systemgeschäft, 17
systemtheoretischer Theorieansatz, 20

T
Theorie
  der Verfügungsrechte, 25
  entscheidungsorientierter Ansatz, 20
  funktionenorientierter Ansatz, 14
  institutionenorientierter Ansatz, 13
  systemtheoretischer Ansatz, 20
  verhaltenswissenschaftliche, 22
  warenorientierter Ansatz, 15
Transaktionskosten, 28, 29
Transaktionskostenansatz, 28, 29, 30
Transaktionskostentheorie, 25, 28
typologische Methode, 16

U
Unvollkommenheit des Marktes, 11

V
verhaltenswissenschaftliche Theorie, 22
Vertrauensgüter, 30
Vertrauenskäufe, 30

W
warenorientierter Theorieansatz, 15
Warentyp, 16
Wettbewerbsvorteil, 37

Z
Zulieferergeschäft, 17